Curso
MAD360

La diferencia entre aprobar y sacar plaza

AF173916

Lavandero/a

SERVICIO DE SALUD DE CASTILLA-LA MANCHA (SESCAM)

Si aún no dispones de tu **Curso MAD360**, te ofrecemos un acceso GRATIS de 30 días para que disfrutes de los siguientes recursos:

- Técnicas de Memoria 360.
- MADTEST: Test *online* Nivel PRO.
- Temario en formato digital.
- Vídeos.
- Esquemas.
- Planificación de estudio.
- Foro entre opositores hasta la fecha del examen.*
- Recursos y novedades exclusivas.
- Consúltanos sobre tu oposición y proceso selectivo.
- Actualizaciones legislativas (Boletines Oficiales) hasta 60 días antes de la fecha del examen.*

Para acceder a esta prueba del Curso MAD360** será necesaria la compra de todos los libros para esta especialidad de la edición 2025.

Regístrate en **mad.es/iniciar-sesion** y en la pestaña BIBLIOTECA valida los códigos que encuentras en la última página de tus libros.

NOTA IMPORTANTE:

* Examen de esta categoría profesional correspondiente a la convocatoria publicada en el DOCM n.º 69, de 9 de abril de 2025, o hasta el 31 de julio de 2026, lo que se cumpla antes, y previa renovación del servicio.

** El acceso al CURSO MAD360 estará disponible desde julio de 2025 (algunos recursos podrían estar disponibles en fecha posterior). Tendrá una duración de 30 días RENOVABLES mediante pago, desde la validación de códigos, o hasta el 31 de enero de 2027, lo que se cumpla antes.

MAD se reserva el derecho a ampliar dichas fechas.

Lavandero/a del Servicio de Salud de Castilla-La Mancha (SESCAM)

Julio 2025

Lavandero/a del Servicio de Salud de Castilla-La Mancha (SESCAM)

Test del temario

Autores

FRANCISCO JESÚS TORRES FONSECA
Licenciado en Derecho

MOISÉS CAYETANO RODRÍGUEZ
Profesor en la Academia de Seguridad Pública de Extremadura

DOMINGO GÓMEZ MARTÍNEZ
Licenciado en Derecho

JOSÉ LUIS GARRIDO VELA
Licenciado en Derecho

TERESA MARÍA TORRES FONSECA
Licenciada en Derecho

JUAN CARLOS USERO LÓPEZ
Licenciado en Derecho

ANA MARÍA SERRANO BÁRCENA
Licenciada en Biología

JUAN MANUEL GIL RAMOS
Licenciado en Medicina. Master en Salud Ambiental

HERMINIA ANDRADES ROMERO
Auxiliar de Enfermería

M.ª DOLORES MOLADA LOPEZ
Diplomada en Magisterio
Técnico en Prevención de Riesgos Laborales

LUIS SILVA GARCÍA
Diplomado Universitario en Enfermería
Recuperación de Urgencias

ENCARNA ROJO FRANCO
Redactora Senior

JOSÉ ANTONIO GUERRERO ARROYO
Cuerpo Superior de Letrados

© 7 Editores Recursos para la Cualificación Profesional y el Empleo, S.L. (7 Editores)
© Los autores
Primera edición, julio 2025 (102 páginas)
Derechos de edición reservados a favor de 7 Editores
IMPRESO EN ESPAÑA
Diseño Portada: 7 Editores
Edita: 7 Editores
Avda. San Francisco Javier, 9 · Edificio Sevilla 2 · Planta 11 · Módulos 25-27 · 41018 Sevilla
Teléfono: 954 784 411 · WEB: www.mad.es · e-mail: administracion@7editores.com
ISBN: 978-84-142-9676-9
© "Editorial Mad" y "Eduforma" son nombres comerciales registrados de
7 Editores Recursos para la Cualificación Profesional y el Empleo, S.L.

Índice

TEST PARTE COMÚN

TEST PARTE ESPECÍFICO

TEST PARTE COMÚN

TEST N.º 1

La Constitución Española: Título I. De los Derechos y Deberes Fundamentales. La protección de la salud en la Constitución. El Estatuto de Autonomía de Castilla-La Mancha: Instituciones de la Comunidad Autónoma de Castilla-La Mancha; Competencias de la Junta de Comunidades de Castilla-La Mancha. La Unión Europea: Instituciones Comunitarias

1. ¿En qué se fundamenta la Constitución Española?

a) En un Estado social y democrático de Derecho.
b) En la indisoluble unidad de la Nación española.
c) En la independencia de los poderes del Estado.
d) En la organización territorial del Estado.

2. Según el artículo 3 de la CE, el castellano es la lengua oficial del Estado y todos los españoles:

a) Tienen el deber de usar y el derecho de conocer el castellano.
b) Tienen el derecho y el deber de conocer el castellano.
c) Tienen el deber de conocer y el derecho de usar el castellano.
d) Tienen el derecho de conocer y usar el castellano.

3. La Constitución Española reconoce y garantiza el derecho a la autonomía:

a) De las nacionalidades que la integran.
b) De las regiones que la integran.
c) De las Comunidades Autónomas que la integran.
d) De las nacionalidades y regiones que la integran.

4. El Preámbulo de la Constitución:

a) Tiene en sí carácter de norma jurídica.
b) Es una declaración de intenciones, destinada a interpretar lo que se quiere alcanzar con el contenido normativo de la Constitución.
c) Se trata de un texto sin fuerza jurídica de obligar.
d) Las respuestas b) y c) son correctas.

5. Señala la afirmación correcta, respecto de la aprobación, ratificación y publicación de la Constitución Española:

a) Aprobada por las Cortes el 31 de octubre de 1978, ratificada por el pueblo en referéndum el 6 de diciembre de 1978 y publicada el 29 de diciembre de 1978.

b) Aprobada por las Cortes el 30 de octubre de 1978, ratificada por el pueblo en referéndum el 16 de diciembre de 1978 y publicada el 27 de diciembre de 1978.

c) Aprobada por las Cortes el 31 de octubre de 1978, ratificada por el pueblo en referéndum el 16 de diciembre de 1978 y publicada el 29 de diciembre de 1978.

d) Aprobada por las Cortes el 10 de octubre de 1978, ratificada por el pueblo en referéndum el 26 de diciembre de 1978 y publicada el 30 de diciembre de 1978.

6. ¿En qué parte de la Carta Magna se establece la exposición de motivos que impulsan la norma constitucional y los objetivos que con ella se pretenden alcanzar?

a) En el Título preliminar.
b) En el Preámbulo.
c) En el Título I.
d) En el Título II.

7. La Constitución Española fue sancionada por:

a) El Rey.
b) El Presidente del Congreso.
c) Las Cortes Generales.
d) El Presidente del Gobierno.

8. ¿Cuáles de los siguientes españoles de origen pueden ser privados de su nacionalidad?

a) Exclusivamente los miembros de grupos terroristas.

b) Los miembros de grupos terroristas y los que atenten contra el Rey u otro miembro de la Casa Real.

c) Los que atenten contra un miembro de la Familia Real o del Gobierno de la Nación.

d) Ningún español de origen podrá ser privado de su nacionalidad.

9. Según la CE son fundamentos del orden político y la paz social:

a) La dignidad de la persona, los derechos violables que les son inherentes y el respeto a la ley.

b) La dignidad de la persona, el desarrollo limitado de la personalidad y el respeto a la ley.

c) El respeto a la ley, a los reglamentos administrativos y demás disposiciones legales.

d) La dignidad de la persona, los derechos inviolables que le son inherentes, el libre desarrollo de su personalidad, el respeto a la ley y a los derechos de los demás.

10. ¿Cuál de los siguientes es considerado por la CE como uno de los valores superiores del ordenamiento jurídico?

a) La jerarquía normativa.
b) El pluralismo político.
c) La publicidad normativa.
d) La equidad.

11. El Tribunal de Justicia de la Unión Europea comprenderá:

a) El Tribunal de Justicia, el Tribunal General y los tribunales especializados.
b) El Tribunal de Justicia y el Tribunal General.
c) El Tribunal de Justicia, el Tribunal General, los tribunales especializados y el Tribunal de Primera Instancia.
d) El Tribunal de Justicia y los tribunales especializados.

12. El Consejo está compuesto por:

a) Un representante de cada Estado miembro, de rango ministerial, facultado para comprometer al Gobierno del Estado miembro al que represente y para ejercer el derecho de voto.
b) Los Jefes de Estado o de Gobierno de los Estados miembros, así como por su Presidente y por el Presidente de la Comisión.
c) Los Jefes de Estado o de Gobierno de los países miembros.
d) Todas son falsas.

13. Excepto cuando los Tratados dispongan otra cosa, el Consejo se pronunciará por:

a) Mayoría simple.
b) Unanimidad.
c) Mayoría cualificada.
d) Mayoría simple y cualificada.

14. ¿Cuál es el órgano ejecutivo de la Unión Europea?

a) El Consejo.
b) El Consejo Europeo.
c) La Comisión.
d) El Presidente de la Comisión.

15. Los miembros de la Comisión son nombrados por:

a) El Parlamento.
b) El Parlamento y el Consejo Europeo de forma conjunta.
c) El Consejo Europeo, por mayoría cualificada.
d) El Consejo, por mayoría cualificada.

16. Señala la respuesta verdadera:

a) El Parlamento Europeo y el Consejo estarán asistidos por un Comité Económico y Social y por un Comité de las Regiones que ejercerán funciones consultivas.
b) El Parlamento Europeo, el Consejo y la Comisión estarán asistidos por un Comité Económico y Social y por un Comité de las Regiones que ejercerán funciones consultivas.
c) El Parlamento Europeo, el Consejo, la Comisión y el Tribunal de Justicia estarán asistidos por un Comité Económico y Social y por un Comité de las Regiones que ejercerán funciones consultivas.
d) Todas las respuestas son falsas.

17. El Parlamento Europeo:

a) Estará compuesto por representantes de los ciudadanos de la Unión.
b) La representación de los ciudadanos será decrecientemente proporcional, con un mínimo de seis diputados por Estado miembro.
c) No se asignará a ningún Estado miembro más de noventa y seis escaños.
d) Todas las respuestas son verdaderas.

18. Los Diputados al Parlamento Europeo serán elegidos para un mandato de:

a) Cuatro años.
b) Seis años.
c) Cinco años.
d) Todas son falsas.

19. El presupuesto anual de la UE es decidido (aprobado):

a) Conjuntamente por el Consejo y el Parlamento, por un procedimiento especial.
b) Por el Parlamento.
c) Por la Comisión.
d) Por la Comisión y el Parlamento, por un procedimiento ordinario.

20. El Coreper es:

a) La representación de cada miembro ante la UE.
b) Un órgano de la Comisión.
c) Un órgano del Parlamento.
d) La reunión de los miembros de la Comisión.

En MADTEST tienes **más preguntas de este tema**, y todos tus avances quedan registrados y se reflejan en el ranking.

¡Supera tus límites con MADTEST!

Solución al test n.º 1

1. b) En la indisoluble unidad de la Nación española.

2. c) Tienen el deber de conocer y el derecho de usar el castellano.

3. d) De las nacionalidades y regiones que la integran.

4. d) Las respuestas b) y c) son correctas.

5. a) Aprobada por las Cortes el 31 de octubre de 1978, ratificada por el pueblo en referéndum el 6 de diciembre de 1978 y publicada el 29 de diciembre de 1978.

6. b) En el Preámbulo.

7. a) El Rey.

8. d) Ningún español de origen podrá ser privado de su nacionalidad.

9. d) La dignidad de la persona, los derechos inviolables que le son inherentes, el libre desarrollo de su personalidad, el respeto a la ley y a los derechos de los demás.

10. b) El pluralismo político.

11. a) El Tribunal de Justicia, el Tribunal General y los tribunales especializados.

12. a) Un representante de cada Estado miembro, de rango ministerial, facultado para comprometer al Gobierno del Estado miembro al que represente y para ejercer el derecho de voto.

13. c) Mayoría cualificada.

14. c) La Comisión.

15. c) El Consejo Europeo, por mayoría cualificada.

16. b) El Parlamento Europeo, el Consejo y la Comisión estarán asistidos por un Comité Económico y Social y por un Comité de las Regiones que ejercerán funciones consultivas.

17. d) Todas las respuestas son verdaderas.

18. c) Cinco años.

19. a) Conjuntamente por el Consejo y el Parlamento, por un procedimiento especial.

20. a) La representación de cada miembro ante la UE.

TEST N.º 2

Ley General de Sanidad: Organización general del Sistema Sanitario Público; Los Servicios de Salud de las Comunidades Autónomas y las Áreas de Salud. Ley de Ordenación Sanitaria de Castilla-La Mancha: Disposiciones generales; Plan de Salud de Castilla-La Mancha, Competencias de las Administraciones Públicas: El Servicio de Salud de Castilla-La Mancha: funciones, organización y estructura

1. Señala cuál de las siguientes es una de las funciones del Consejo de Gobierno de la Junta de Comunidades de Castilla-La Mancha:

a) Controlar e inspeccionar las actividades del Sistema Sanitario de Castilla-La Mancha y su adecuación al Plan de Salud.

b) Aprobar el reglamento de estructura y funcionamiento del Servicio de Salud de Castilla-La Mancha en los términos marcados en la Ley de Ordenación Sanitaria.

c) Autorizar, catalogar y, en su caso, acreditar los centros, servicios y actividades sanitarias, así como el mantener los registros pertinentes.

d) Aprobar la delimitación, dentro de las Áreas de Salud, de las Zonas Básicas de Salud y de cualquier otra ordenación.

2. ¿Cuál es la definición de Sistema Nacional de Salud que establece la Ley General de Sanidad (Ley 14/1986, de 25 de abril)?

a) Es el conjunto de los Servicios de Salud de las Comunidades Autónomas, coordinados en el Consejo Interterritorial del Sistema Nacional de Salud.

b) Es el conjunto de los Servicios de Salud dependientes del Instituto Nacional de la Salud y de los Servicios de Salud de las Comunidades Autónomas en los términos establecidos en la Ley General de Sanidad.

c) Es el conjunto de los Servicios de Salud de la Administración del Estado y de los Servicios de Salud de las Comunidades Autónomas en los términos establecidos en la Ley General de Sanidad.

d) Es el conjunto de los servicios de Salud de las Comunidades Autónomas y de las Corporaciones Locales en los términos establecidos en la Ley General de Sanidad.

3. El objeto de la Ley General de Sanidad es:

a) La reforma del sistema sanitario privado.

b) Las necesidades de mejora en los servicios prestados a los ciudadanos extranjeros.

c) La distribución de competencias entre el Estado y las Comunidades Autónomas y las Corporaciones Locales.

d) Hacer efectivo el derecho a la protección de la salud.

4. Según dispone la Ley 14/1986, de 25 de abril, General de Sanidad, son titulares del derecho a la protección de la salud y a la atención sanitaria:

a) Únicamente los ciudadanos manchegos.

b) Todos los españoles.

c) Cualquier ciudadano.

d) Todos los españoles y los ciudadanos extranjeros que tengan establecida su residencia en España.

5. Los medios y actuaciones del sistema sanitario estarán orientados prioritariamente a:

a) La curación y la rehabilitación.

b) La promoción de la salud.

c) Atender los grupos de riesgos desde el punto de vista sanitario.

d) La promoción de la salud y la prevención de las enfermedades.

6. ¿Cómo se denominan –según lo dispuesto en la Ley General de Sanidad– las estructuras fundamentales del sistema sanitario en las Comunidades Autónomas, responsables de la gestión unitaria de los Centros y establecimientos de los Servicios de Salud de las Comunidades Autónomas?

a) Centros hospitalarios.

b) Áreas de Salud.

c) Delegaciones Provinciales de Salud.

d) Centros de Salud.

7. ¿En qué artículo de la Constitución de 1978 se reconoce el derecho a la protección de la salud de todos los ciudadanos?

a) En el artículo 23.

b) En el artículo 32.

c) En el artículo 34.

d) En el artículo 43.

8. Las Áreas de salud se distribuyen, de forma desconcentrada, en demarcaciones territoriales delimitadas, teniendo en cuenta factores de diversa índole, pero sobre todo, respondiendo a unas ideas principales, entre las que no figura:

a) Proximidad de los servicios a los usuarios.
b) Gestión descentralizada.
c) Gestión participativa.
d) Recursos económicos de la comunidad.

9. ¿A quién corresponde elaborar el reglamento de composición y funcionamiento del Servicio de Salud de Castilla-La Mancha?

a) A la Consejería competente en materia de sanidad.
b) Al Consejo de Gobierno de la Junta de Comunidades de Castilla-La Mancha.
c) Al Ministerio competente en materia sanitaria.
d) Al Consejo Económico y Social.

10. La ordenación territorial de los Servicios de Salud será competencia:

a) Del Estado.
b) De las Comunidades Autónomas.
c) De los Ayuntamientos.
d) De las Diputaciones Provinciales.

11. Señala la respuesta incorrecta respecto al Consejo de Dirección del Área de Salud:

a) El Consejo de Dirección estará formado por la representación de la Comunidad Autónoma, que supondrá el 50 por 100 de los miembros de aquel, y los representantes de las Corporaciones Locales, elegidos por quienes ostenten tal condición en el Consejo de Salud.
b) Al Consejo de Dirección del Área de Salud corresponde formular las directrices en política de salud y controlar la gestión del Área, dentro de las normas y programas generales establecidos por la Administración autonómica.
c) Al Consejo de Dirección le corresponde el establecimiento de los criterios generales de coordinación en el Área de Salud.
d) Una de las funciones del Consejo de Dirección del Área es la aprobación del proyecto del Plan de Salud del Área, dentro de las normas, directrices y programas generales establecidos por la Comunidad Autónoma.

12. ¿Qué título de la Ley 14/1986, de 25 de abril, General de Sanidad, regula la estructura del sistema sanitario público?

a) El Título II.
b) El Título III.

c) El Título V.
d) El Título VI.

13. Señala cuál de los siguientes no es uno de los factores a tener en cuenta a la hora de delimitar las áreas de salud:

a) Factores socioeconómicos.
b) Factores religiosos.
c) Factores culturales.
d) Factores climatológicos.

14. Como regla general, y sin perjuicio de las excepciones a que hubiera lugar, el Área de Salud extenderá su acción a una población:

a) No inferior a 50.000 habitantes ni superior a 150.000.
b) No inferior a 100.000 habitantes ni superior a 250.000.
c) No inferior a 200.000 habitantes ni superior a 250.000.
d) No inferior a 200.000 habitantes ni superior a 350.000.

15. Señala la respuesta incorrecta respecto a las Áreas de Salud:

a) Cada Área de Salud estará vinculada o dispondrá, al menos, de un hospital general, con los servicios que aconseje la población a asistir, la estructura de esta y los problemas de salud.
b) El hospital es el establecimiento encargado tanto del internamiento clínico como de la asistencia especializada y complementaria que requiera su zona de influencia.
c) Las Áreas de Salud se delimitarán teniendo en cuenta factores geográficos, socioeconómicos, demográficos, laborales, epidemiológicos, culturales, climatológicos y de dotación de vías y medios de comunicación, así como las instalaciones sanitarias del Área.
d) En todo caso, cada provincia tendrá, como mínimo, dos Áreas de Salud.

16. A tenor del artículo 57 de la Ley 14/1986, el órgano de participación de las Áreas de Salud es:

a) El Consejo de Salud de Área.
b) El Consejo de Dirección de Área.
c) El Gerente de Área.
d) El Comité de Participación del Área.

17. Los Consejos de Salud de Área están constituidos por:

a) Las organizaciones sindicales más representativas, en una proporción no inferior al 50 por 100, a través de los profesionales sanitarios titulados.
b) La Administración Sanitaria del Área de Salud.

c) La representación de los ciudadanos a través de las Corporaciones Locales comprendidas en su demarcación, que supondrá el 25 por 100 de sus miembros.

d) Todas las respuestas son correctas.

18. Una de las funciones del Consejo de Salud de Área es:

a) Proponer medidas a desarrollar en el Área de Salud para estudiar los problemas sanitarios específicos de la misma, así como sus prioridades.

b) La aprobación de las prioridades específicas del Área de Salud.

c) La propuesta de nombramiento y cese del gerente del Área de Salud.

d) La aprobación de la Memoria anual del Área de salud.

19. Señala la respuesta incorrecta respecto al Gerente del Área de Salud:

a) Es el encargado de la ejecución de las directrices establecidas por el Consejo de Dirección, de las propias del Plan de Salud del Área y de las normas correspondientes a la Administración autonómica y del Estado.

b) Es el órgano de gestión del Área.

c) Puede, previa convocatoria, asistir con voz y voto, a las reuniones del Consejo de Dirección.

d) Es nombrado y cesado por la Dirección del Servicio de Salud de la Comunidad Autónoma, a propuesta del Consejo de Dirección del Área.

20. ¿A quién corresponde la elaboración del Plan de Salud de Castilla-La Mancha?

a) A la Consejería competente en materia de sanidad.

b) Al Consejo de Gobierno de Castilla-La Mancha.

c) Al Ministerio competente en materia sanitaria.

d) Al Consejo Económico y Social.

En MADTEST tienes **más preguntas de este tema**, y todos tus avances quedan registrados y se reflejan en el ranking.

¡Supera tus límites con MADTEST!

Solución al test n.º 2

1. b) Aprobar el reglamento de estructura y funcionamiento del Servicio de Salud de Castilla-La Mancha en los términos marcados en la Ley de Ordenación Sanitaria.

2. c) Es el conjunto de los Servicios de Salud de la Administración del Estado y de los Servicios de Salud de las Comunidades Autónomas en los términos establecidos en la Ley General de Sanidad.

3. d) Hacer efectivo el derecho a la protección de la salud.

4. d) Todos los españoles y los ciudadanos extranjeros que tengan establecida su residencia en España.

5. d) La promoción de salud y prevención de las enfermedades.

6. b) Áreas de Salud.

7. d) En el artículo 43.

8. d) Recursos económicos de la comunidad.

9. a) A la Consejería competente en materia de sanidad.

10. b) De las Comunidades Autónomas.

11. a) El Consejo de Dirección estará formado por la representación de la Comunidad Autónoma, que supondrá el 50 por 100 de los miembros de aquel, y los representantes de las Corporaciones Locales, elegidos por quienes ostenten tal condición en el Consejo de Salud.

12. b) El Título III.

13. b) Factores religiosos.

14. c) No inferior a 200.000 habitantes ni superior a 250.000.

15. d) En todo caso, cada provincia tendrá, como mínimo, dos Áreas de Salud.

16. a) El Consejo de Salud de Área.

17. b) La Administración Sanitaria del Área de Salud.

18. a) Proponer medidas a desarrollar en el Área de Salud para estudiar los problemas sanitarios específicos de la misma, así como sus prioridades.

19. c) Puede, previa convocatoria, asistir con voz y voto, a las reuniones del Consejo de Dirección.

20. a) A la Consejería competente en materia de sanidad.

TEST N.º 3

Estatuto Marco del Personal Estatutario de los Servicios de Salud: normas generales. Derechos y deberes. Adquisición y pérdida de la condición de personal estatutario fijo. Retribuciones. Jornada de trabajo, permisos y licencias. Situaciones administrativas del personal estatutario. Régimen disciplinario. Incompatibilidades

1. La Ley 55/2003 del Estatuto Marco de Personal Estatutario de los Servicios de Salud es de aplicación:

a) Al personal estatutario que integra las profesiones sanitarias.
b) Al personal estatutario que desempeña su función en los centros e instituciones sanitarias de los servicios de salud.
c) Al personal funcionario de los servicios de salud de las Comunidades Autónomas.
d) Al personal sanitario, excluyendo el personal de gestión y servicios.

2. El Estatuto Marco del personal estatutario considera a este personal como titular de una relación:

a) Funcionarial común.
b) Laboral común.
c) Estatutaria de la Seguridad Social.
d) Funcionarial especial.

3. El Estatuto Marco clasifica al personal estatutario de los servicios de salud, atendiendo a la función desarrollada, al nivel del título exigido para el ingreso y al tipo de su nombramiento en:

a) Personal estatutario sanitario y personal estatutario de gestión y servicios.
b) Personal estatutario facultativo, personal estatutario sanitario y personal no sanitario.
c) Personal estatutario de gestión y servicios y personal estatutario facultativo.
d) Todas las respuestas son correctas.

4. El personal estatutario con nombramiento expedido para el ejercicio de una profesión o especialidad sanitaria se denomina:

a) Personal sanitario.
b) Otro personal.
c) Personal de mantenimiento.
d) Personal de gestión y servicios.

5. El personal estatutario con nombramiento expedido para el desempeño de funciones de gestión o para el desempeño de profesiones u oficios que no tengan carácter sanitario se denomina:

a) Personal universitario.
b) Personal de gestión y servicios.
c) Personal directivo.
d) Personal administrativo.

6. Según establece el art. 8 de la Ley 55/2003, de 16 de diciembre, del Estatuto Marco de los Servicios de Salud, es personal estatutario fijo:

a) El que, una vez superado el correspondiente proceso selectivo, obtiene un nombramiento para el desempeño, con carácter permanente, de las funciones que de tal nombramiento se deriven.
b) Todo el personal al servicio de los Servicios de Salud.
c) El personal que realice una prestación de servicios determinados de naturaleza temporal, coyuntural o extraordinaria.
d) El personal en posesión de un contrato laboral indefinido.

7. Conforme al artículo 9.1 del Estatuto Marco (*en redacción dada por el Real Decreto-ley 12/2022, de 5 de julio, por el que se modifica la Ley 55/2003, de 16 de diciembre, del Estatuto Marco del personal estatutario de los servicios de salud*) los nombramientos del Personal Estatutario Temporal de los Servicios de Salud serán:

a) Únicamente de Personal Estatutario Sanitario.
b) Personal Estatutario Contratado.
c) De interinidad.
d) Como Personal Laboral.

8. El personal estatutario de los servicios de salud tiene el deber de:

a) Participar en la elaboración de los convenios colectivos.
b) Realizar sus funciones fuera del horario y jornada habitual.
c) Realizar actividades sindicales.
d) Respetar la Constitución, el Estatuto de Autonomía correspondiente y el resto del ordenamiento jurídico.

9. Según el Estatuto Marco del Personal Estatutario de los Servicios de Salud, ¿cuál de los siguientes es un derecho colectivo?

a) Derecho a la percepción puntual de las retribuciones e indemnizaciones por razón del servicio en cada caso establecidas.

b) Derecho a la libre sindicación.

c) Derecho a la movilidad voluntaria, promoción interna y desarrollo profesional, en la forma en que prevean las disposiciones en cada caso aplicables.

d) Derecho a la jubilación en los términos y condiciones establecidas en las normas en cada caso aplicables.

10. La condición de personal estatutario fijo se adquiere:

a) Por la superación de las pruebas de selección, contrato firmado con el órgano competente e incorporación a una plaza.

b) Por la superación de las pruebas de selección, publicación de su designación en el boletín oficial correspondiente e incorporación a la plaza.

c) Por la superación de la prueba selectiva, nombramiento conferido por el órgano competente e incorporación a la plaza.

d) Ninguna es correcta.

11. La ley 55/2003 estructura el sistema retributivo del personal estatutario en:

a) Retribuciones básicas, complementarias y productividad.

b) Retribuciones básicas, complementarias y específicas.

c) Retribuciones básicas, complementarias y pagas extra.

d) Retribuciones básicas y complementarias.

12. Conforme al Estatuto Marco del Personal Estatutario, las retribuciones básicas son:

a) El sueldo, los trienios y las pagas extraordinarias.

b) El salario base, los trienios y las pagas extras.

c) El sueldo, los quinquenios y las pagas extraordinarias.

d) Ninguna es correcta.

13. No es una retribución complementaria:

a) El complemento de destino.

b) El complemento específico.

c) El complemento de productividad.

d) El complemento de antigüedad.

14. El complemento de productividad:

a) Remunera al personal para atender a los usuarios de los servicios sanitarios de manera permanente.

b) Retribuye las condiciones particulares de algunos puestos en atención a su especial dificultad técnica, dedicación, responsabilidad, incompatibilidad, peligrosidad o penosidad.

c) Es el correspondiente al puesto que desempeñe.

d) Retribuye al especial rendimiento, interés o la iniciativa del titular del puesto.

15. El complemento específico:

a) Remunera al personal para atender a los usuarios de los servicios sanitarios de manera permanente.

b) Retribuye las condiciones particulares de algunos puestos en atención a su especial dificultad técnica, dedicación, responsabilidad, incompatibilidad, peligrosidad o penosidad.

c) Es el correspondiente al nivel del puesto que se desempeñe.

d) Retribuye el especial rendimiento, interés o la iniciativa del titular del puesto.

16. Según el Estatuto Marco, siempre que la duración de la jornada exceda de seis horas continuadas, deberá establecerse un periodo de descanso durante la misma de al menos:

a) 10 minutos.

b) 15 minutos.

c) 20 minutos.

d) 30 minutos.

17. La jornada realizada por el personal estatutario fuera de la jornada ordinaria de trabajo con el fin de garantizar la adecuada atención permanente al usuario de los centros sanitarios, se denomina:

a) Jornada extraordinaria.

b) Jornada complementaria.

c) Jornada partida.

d) Jornada de servicios localizados.

18. Las Comunidades Autónomas, en el ámbito de sus competencias, determinarán la limitación máxima de la jornada a tiempo parcial respecto a la jornada completa, con el límite máximo del:

a) El 80 % de la jornada ordinaria, en cómputo anual, o del que proporcionalmente corresponda si se trata de nombramiento temporal de menor duración.

b) El 75 % de la jornada ordinaria, en cómputo anual, o del que proporcionalmente corresponda si se trata de nombramiento temporal de menor duración.

c) El 70 % de la jornada ordinaria, en cómputo anual, o del que proporcionalmente corresponda si se trata de nombramiento temporal de menor duración.

d) El 50 % de la jornada ordinaria, en cómputo anual, o del que proporcionalmente corresponda si se trata de nombramiento temporal de menor duración.

19. El Estatuto Marco del personal estatutario regula las vacaciones anuales respecto de su duración en términos de:

a) Un mes.
b) Treinta días naturales.
c) No inferior a treinta días naturales.
d) El mes natural en que se disfrute.

20. Según el Estatuto Marco del personal estatutario, la situación de excedencia voluntaria por interés particular obliga a un periodo mínimo de permanencia en ella de:

a) Un año.
b) Dos años.
c) Doce meses.
d) No establece periodo mínimo.

En MADTEST tienes **más preguntas de este tema**, y todos tus avances quedan registrados y se reflejan en el ranking.

¡**Supera tus límites con MADTEST!**

Solución al test n.º 3

1. b) Al personal estatutario que desempeña su función en los centros e instituciones sanitarias de los servicios de salud.

2. d) Funcionarial especial.

3. a) Personal estatutario sanitario y personal estatutario de gestión y servicios.

4. a) Personal sanitario.

5. b) Personal de gestión y servicios.

6. a) El que, una vez superado el correspondiente proceso selectivo, obtiene un nombramiento para el desempeño, con carácter permanente, de las funciones que de tal nombramiento se deriven.

7. c) De interinidad.

8. d) Respetar la Constitución, el Estatuto de Autonomía correspondiente y el resto del ordenamiento jurídico.

9. b) Derecho a la libre sindicación.

10. c) Por la superación de la prueba selectiva, nombramiento conferido por el órgano competente e incorporación a la plaza.

11. d) Retribuciones básicas y complementarias.

12. a) El sueldo, los trienios y las pagas extraordinarias.

13. d) El complemento de antigüedad.

14. d) Retribuye al especial rendimiento, interés o la iniciativa del titular del puesto.

15. b) Retribuye las condiciones particulares de algunos puestos en atención a su especial dificultad técnica, dedicación, responsabilidad, incompatibilidad, peligrosidad o penosidad.

16. b) 15 minutos.

17. b) Jornada complementaria.

18. b) El 75 % de la jornada ordinaria, en cómputo anual, o del que proporcionalmente corresponda si se trata de nombramiento temporal de menor duración.

19. c) No inferior a treinta días naturales.

20. b) Dos años.

La Ley de Prevención de Riesgos Laborales: Derechos y obligaciones; Consulta y participación de los trabajadores. Plan Perseo: procedimiento de actuación ante una situación de violencia en el centro de trabajo. Resolución de 27/03/2024, de la Dirección-Gerencia, del procedimiento para la certificación negativa del Registro Central de Delincuentes Sexuales y de Trata de Seres Humanos del personal de las instituciones sanitarias del Servicio de Salud de Castilla-La Mancha

1. En relación con las incompatibilidades del personal estatutario, no es cierto que:

a) Será compatible el disfrute de becas y ayudas de ampliación de estudios concedidas en régimen de concurrencia competitiva al amparo de programas oficiales de formación y perfeccionamiento del personal, siempre que para participar en tales acciones se requiera la previa propuesta favorable del Servicio de Salud en el que se esté destinado y que las bases de la convocatoria no establezcan lo contrario.

b) La percepción de pensión de jubilación por un régimen público de Seguridad Social será incompatible con la situación del personal emérito.

c) Las retribuciones del personal emérito, sumadas a su pensión de jubilación, no podrán superar las retribuciones que el interesado percibía antes de su jubilación, consideradas, todas ellas, en cómputo anual.

d) La percepción de pensión de jubilación parcial será compatible con las retribuciones derivadas de una actividad a tiempo parcial.

2. Los representantes de los trabajadores con competencia en materia de prevención de riesgos laborales son:

a) Los miembros de la Junta de personal, Junta Facultativo y Junta de Enfermería.

b) Los técnicos de prevención de riesgos laborales.

c) El Servicio de Medicina Preventiva.

d) Los delegados de prevención.

3. ¿Qué se entiende por "riesgo laboral"?

a) La posibilidad de que un trabajador sufra un determinado daño derivado del trabajo.
b) La posibilidad de que un trabajador sufra una enfermedad en el trabajo.
c) La posibilidad de que un trabajador sufra acoso.
d) El riesgo que supone el ir a trabajar.

4. ¿Quién debe garantizar a los trabajadores la vigilancia periódica de su estado de salud en función de los riesgos inherentes al trabajo?

a) La Inspección de Trabajo.
b) El propio trabajador.
c) El empresario.
d) Las secciones sindicales.

5. El derecho básico reconocido a los trabajadores por la Ley 31/1995, de 8 de noviembre, es:

a) La vigilancia de su estado de salud.
b) Una protección eficaz en materia de seguridad y salud en el trabajo.
c) La formación en materia preventiva.
d) La información, consulta y participación.

6. Indicar cuál es la definición de prevención:

a) La probabilidad racional de que un riesgo se materialice de forma inminente.
b) El estudio de los procesos potencialmente peligrosos para el trabajo.
c) Conjunto de actividades o medidas adoptadas o previstas en todas las fases de actividad de la empresa con el fin de evitar o disminuir los riesgos derivados del trabajo.
d) Posibilidad de que un trabajador sufra un determinado daño derivado del trabajo.

7. Señala la respuesta incorrecta:

a) La Ley de Prevención de Riesgos Laborales se aplica a los operativos de Seguridad civil en casos de catástrofe.
b) La Ley de Prevención de Riesgos Laborales se aplica a las sociedades cooperativas.
c) En el ámbito de la relación laboral de carácter especial del servicio del hogar familiar, las personas trabajadoras tienen derecho a una protección eficaz en materia de seguridad y salud en el trabajo.
d) En los establecimientos penitenciarios, se adaptarán a la Ley de Prevención de Riesgos Laborales aquellas actividades cuyas características justifiquen una regulación especial.

8. ¿Cuál es la vigente Ley de Prevención de Riesgos Laborales?

a) Ley 32/1995, de 8 de noviembre.
b) Ley 30/1996, de 8 de noviembre.

c) Ley 31/1995, de 6 de noviembre.
d) Ley 31/1995, de 8 de noviembre.

9. Entre los principios de la acción preventiva recogidos por el artículo 15 de la Ley de Prevención de Riesgos Laborales, no figura:

a) Evitar los riesgos.
b) Evaluar los riesgos que se puedan evitar.
c) Tener en cuenta la evolución de la técnica.
d) Dar las debidas instrucciones a los trabajadores.

10. ¿Cuántos delegados de prevención se deberán elegir en empresas entre 3001 y 4000 trabajadores?

a) 5.
b) 6.
c) 7.
d) 8.

11. En las empresas de hasta 30 trabajadores el Delegado de Prevención será:

a) El propio empresario.
b) El trabajador más antiguo.
c) El trabajador de mayor cualificación.
d) El delegado de personal.

12. Según la Ley de Prevención de Riesgos Laborales, se constituirá un Comité de Seguridad y Salud en todas las empresas o centros de trabajo que cuenten con:

a) 30 o más trabajadores.
b) 50 o más trabajadores.
c) 75 o más trabajadores.
d) 100 o más trabajadores.

13. Entre las obligaciones de los trabajadores recogidas por la Ley de Prevención de Riesgos Laborales, no figura:

a) Informar directamente al empresario de cualquier situación que entrañe riesgo para la seguridad o salud de los trabajadores.
b) Contribuir al cumplimiento de las obligaciones establecidas por la autoridad competente con el fin de proteger la seguridad y la salud de los trabajadores en el trabajo.
c) Cooperar con el empresario para que este pueda garantizar unas condiciones de trabajo que sean seguras y no entrañen riesgos para la seguridad y la salud de los trabajadores.
d) Utilizar correctamente los medios y equipos de protección facilitados por el empresario, de acuerdo con las instrucciones recibidas de este.

14. La Ley 31/1995, de 8 de noviembre, de Prevención de Riesgos Laborales, ¿se aplica a los empleados de la Administración Pública?

a) Sí, sin distinciones.
b) A los funcionarios sí, al personal laboral no.
c) Al personal laboral sí, a los funcionarios no.
d) No se aplica ni a funcionarios ni a personal laboral.

15. El órgano paritario y colegiado de participación destinado a la consulta regular y periódica de las actuaciones de la empresa en materia de prevención de riesgos, es:

a) El Comité de Empresa.
b) El Consejo de Vigilancia de la Prevención.
c) La Comisión de Evaluación de Riesgos Laborales.
d) El Comité de Seguridad y Salud.

16. ¿Qué capítulo de la Ley 31/1995, de Prevención de Riesgos Laborales se refiere a los derechos y obligaciones?

a) Capítulo 2.
b) Capítulo 3.
c) Capítulo 4.
d) Capítulo 5.

17. La acción preventiva en la empresa:

a) Se planificará por el Comité de Seguridad y Salud a partir de una evaluación inicial de riesgos.
b) Se planificará por los Delegados de Prevención a partir de una evaluación inicial de riesgos.
c) Se planificará por el empresario a partir de una evaluación inicial de riesgos.
d) Se planificará por los Delegados de Personal a partir de una evaluación inicial de riesgos.

18. ¿Cuándo se deben utilizar los equipos de protección individual?

a) Siempre.
b) Cuando los riesgos no hayan sido evaluados.
c) Cuando los riesgos no se puedan evitar o no puedan limitarse.
d) Cuando el trabajador lo estime oportuno.

19. Cuando los trabajadores estén expuestos a un riesgo grave e inminente con ocasión de su trabajo, y el empresario no adopte o no permita la adopción de las medidas necesarias para garantizar la seguridad y la salud de los trabajadores, la Ley 31/1995, de 8 de noviembre, de Prevención de Riesgos Laborales prevé:

a) Los trabajadores afectados podrán paralizar la actividad.
b) El órgano de representación del personal instará formalmente al empresario a la adopción de las medidas necesarias.

c) Los Delegados de Prevención lo comunicarán a la autoridad laboral, que adoptará las medidas necesarias.

d) El órgano de representación de personal podrá acordar la paralización de la actividad.

20. ¿Pueden los trabajadores efectuar propuestas al empresario y a los órganos de participación para mejorar los niveles de protección de la seguridad y salud en la empresa?

a) No.
b) Sí.
c) Según el tamaño de la empresa.
d) Según el número de trabajadores.

En MADTEST tienes **más preguntas de este tema**, y todos tus avances quedan registrados y se reflejan en el ranking.

¡Supera tus límites con MADTEST!

Solución al test n.º 4

1. b) La percepción de pensión de jubilación por un régimen público de Seguridad Social será incompatible con la situación del personal emérito.

2. d) Los delegados de prevención.

3. a) La posibilidad de que un trabajador sufra un determinado daño derivado del trabajo.

4. c) El empresario.

5. b) Una protección eficaz en materia de seguridad y salud en el trabajo.

6. c) Conjunto de actividades o medidas adoptadas o previstas en todas las fases de actividad de la empresa con el fin de evitar o disminuir los riesgos derivados del trabajo.

7. a) La Ley de Prevención de Riesgos Laborales se aplica a los operativos de Seguridad civil en casos de catástrofe.

8. d) Ley 31/1995, de 8 de noviembre.

9. b) Evaluar los riesgos que se puedan evitar.

10. c) 7.

11. d) El delegado de personal.

12. b) 50 o más trabajadores.

13. a) Informar directamente al empresario de cualquier situación que entrañe riesgo para la seguridad o salud de los trabajadores.

14. a) Sí, sin distinciones.

15. d) El Comité de Seguridad y Salud.

16. b) Capítulo 3.

17. c) Se planificará por el empresario a partir de una evaluación inicial de riesgos.

18. c) Cuando los riesgos no se puedan evitar o no puedan limitarse.

19. d) El órgano de representación de personal podrá acordar la paralización de la actividad.

20. b) Sí.

TEST N.º 5

Ley sobre derechos y deberes en materia de salud de Castilla-La Mancha. La igualdad efectiva entre hombres y mujeres. Políticas de igualdad. Medidas de protección integral contra la violencia de género

1. La Ley 5/2010, de 24 de junio, sobre derechos y deberes en materia de salud de Castilla-La Mancha, tiene por objeto regular:

a) En el marco de la legislación del Estado, los derechos y deberes en materia de salud, tanto de los pacientes y usuarios como de los profesionales en Castilla-La Mancha.

b) Los derechos y deberes en materia de salud, tanto de los pacientes y usuarios como de los profesionales en Castilla-La Mancha.

c) En el marco de la legislación básica del Estado, los derechos y deberes en materia de salud de los pacientes y usuarios en Castilla-La Mancha.

d) En el marco de la legislación básica del Estado, los derechos y deberes en materia de salud, tanto de los pacientes y usuarios como de los profesionales en Castilla-La Mancha.

2. Señala cuál de los siguientes no es un principio sobre el que se sustenten los derechos y deberes en la Ley 5/2010, de 24 de junio, sobre derechos y deberes en materia de salud de Castilla-La Mancha:

a) La promoción del interés de las personas por la salud, mediante una información adecuada y una mayor educación para la salud.

b) La corresponsabilidad y participación del paciente y usuario en el adecuado uso de las prestaciones y recursos y el respeto a los profesionales y a las normas de organización y funcionamiento de los centros, establecimientos y servicios sanitarios.

c) La equidad en el acceso al conjunto de los servicios y profesionales sanitarios disponibles, así como a recibir la asistencia sanitaria y los cuidados más adecuados a su estado de salud, sin que pueda producirse discriminación alguna de las personas con discapacidad.

d) El respeto a la objeción de conciencia de los profesionales sanitarios como manifestación del derecho a la autonomía de la voluntad.

3. El derecho a la asistencia sanitaria, la libre elección de profesional sanitario, la segunda opinión médica, el derecho sobre los tejidos o muestras biológicas, la garantía de tiempos máximos de respuesta, los relacionados con pacientes especialmente protegidos, la obtención de medicamentos y el derecho al acompañamiento, se califican en la Ley 5/2010, de 24 de junio, sobre derechos y deberes en materia de salud de Castilla-La Mancha, como:

a) Derechos relativos a la autonomía de la voluntad.
b) Derechos relativos a la documentación sanitaria.
c) Derechos relacionados con los servicios asistenciales.
d) Derechos relativos a la información sanitaria.

4. En relación con los derechos relativos a la intimidad y la confidencialidad, reconocidos en la Ley 5/2010, de 24 de junio, sobre derechos y deberes en materia de salud de Castilla-La Mancha, es correcto que:

a) Los centros, servicios y establecimientos sanitarios vigilarán que se guarde la confidencialidad de los datos referidos a la ideología, religión, creencias, origen racial, vida sexual, al hecho de haber sido objeto de malos tratos y, en general, cuantos datos o informaciones puedan tener especial relevancia para la salvaguarda de la intimidad personal y familiar.
b) Las personas que, en ejercicio de sus funciones, tengan acceso a los datos resultantes de la realización de los análisis genéticos podrán quedar sujetas al deber de secreto.
c) El derecho de confidencialidad no comprende la información referida al patrimonio genético.
d) Cuando la información obtenida, según criterio del médico responsable, sea necesaria para evitar un grave perjuicio para la salud del paciente y la de sus familiares, se informará al propio paciente y a un familiar próximo o, en su caso, a sus representantes, previa consulta del Comité de Ética Asistencial si lo hubiera.

5. En relación con la regulación del derecho a la información asistencial prevista en la Ley 5/2010, de 24 de junio, sobre derechos y deberes en materia de salud de Castilla-La Mancha, señala la respuesta incorrecta:

a) Deberá respetarse la voluntad del paciente de no ser informado. La renuncia al derecho a ser informado deberá formularse por cualquier medio que permita dejar constancia y se incorporará a la historia clínica.
b) El titular del derecho a la información asistencial es el paciente. Se informará a las personas vinculadas a él por razones familiares o de hecho en la medida en que este lo permita expresa o tácitamente.
c) Sin perjuicio del derecho del menor a recibir información sobre su salud en un lenguaje adecuado a su edad, madurez y estado psicológico, en el caso de menores de 16 años no emancipados se informará también a los padres o tutores.
d) Todas las respuestas anteriores son correctas.

6. La autonomía de la voluntad del paciente comprende:

a) La libertad para negarse a recibir un procedimiento diagnóstico, pronóstico o terapéutico.

b) La libertad para poder en todo momento revocar una anterior decisión sobre su propia salud.

c) La libertad para elegir de forma autónoma entre las distintas opciones que exponga el profesional sanitario responsable.

d) Todas las respuestas anteriores son correctas.

7. El consentimiento informado:

a) Se prestará por escrito, por regla general.

b) Será verbal en los procedimientos diagnósticos y terapéuticos invasores.

c) Se prestará por escrito en los procedimientos que impliquen riesgos o inconvenientes de notoria y previsible repercusión negativa sobre la salud del paciente.

d) Será verbal en determinados casos.

8. ¿Cuál de los siguientes datos no debe contener el documento de consentimiento informado?

a) Una declaración de quien presta el consentimiento en la que conste que ha comprendido adecuadamente la información, que conoce que el consentimiento puede ser revocado en cualquier momento, expresando la causa de la revocación y que ha recibido una copia del documento.

b) Riesgos poco frecuentes, cuando sean de especial gravedad y estén asociados al procedimiento por criterios científicos.

c) Alternativas razonables al procedimiento.

d) Firma del profesional sanitario responsable del procedimiento y de la persona que presta el consentimiento.

9. En relación con el ámbito de la Ley 5/2010, de 24 de junio, sobre derechos y deberes en materia de salud de Castilla-La Mancha, señala la respuesta incorrecta:

a) Incluye a todas las personas que residan en los municipios de la Comunidad Autónoma de Castilla-La Mancha.

b) Quienes no residan en ella gozarán de dichos derechos en la forma y condiciones previstas en la legislación estatal y en los Convenios nacionales e internacionales que les sean de aplicación.

c) Sin perjuicio de lo anterior, en Castilla-La Mancha se garantizará a todas las personas la atención en situación de urgencia y emergencia, con especial incidencia en menores, mujeres gestantes y personas que padezcan enfermedades crónicas.

d) Se incluyen a los profesionales de los centros, servicios y establecimientos sanitarios, siempre que sean públicos y se encuentren ubicados en el territorio de la comunidad autónoma.

10. Sin perjuicio del derecho del menor a recibir información sobre su salud en un lenguaje adecuado a su edad, madurez y estado psicológico, se informará también a los padres o tutores, en el caso de:

a) Menores de catorce años no emancipados.
b) Menores de quince años no emancipados.
c) Menores de dieciséis años no emancipados.
d) Menores de diecisiete años no emancipados.

11. ¿Qué título de la Ley para la Igualdad efectiva de Mujeres y Hombres se refiere a las políticas públicas para la igualdad?

a) El Título II.
b) El Título III.
c) El Título IV.
d) El Título V.

12. Las obligaciones establecidas en la Ley para la Igualdad efectiva entre Mujeres y Hombres son de aplicación a:

a) Toda persona que se encuentre o actúe en territorio español, cualquiera que fuese su nacionalidad, domicilio o residencia.
b) Todos los españoles residentes en territorio español; pero no a los españoles que tengan residencia en otro país aunque eventualmente se encuentren en territorio español.
c) Toda persona que se encuentre o actúe en territorio español, originaria de algún país adherido a los Tratados internacionales de eliminación de toda forma de discriminación contra la mujer; pero no se puede aplicar a personas originarias de los países no firmantes.
d) Únicamente a todos los españoles se encuentren o no en territorio español.

13. Todo trato desfavorable a las mujeres relacionado con el embarazo o la maternidad constituye:

a) Acoso sexual.
b) Acoso por razón de sexo.
c) Discriminación directa por razón de sexo.
d) Discriminación indirecta por razón de sexo.

14. Cualquier comportamiento realizado en función del sexo de una persona, con el propósito o efecto de atentar contra su dignidad y de crear un entorno intimidatorio, degradante u ofensivo, constituye:

a) Acoso sexual.
b) Acoso por razón de sexo.
c) Discriminación directa por razón de sexo.
d) Discriminación indirecta por razón de sexo.

15. Los actos y las cláusulas de los negocios jurídicos que constituyan o causen discriminación por razón de sexo se considerarán:

a) Válidos, si todas las partes consienten.

b) Anulables y sin efecto durante el primer año; pasado ese tiempo, si no hay denuncia, tendrán efectos legales.

c) Nulos, pero con efecto.

d) Nulos y sin efecto.

16. La capacidad y la legitimación para intervenir en los procesos civiles, sociales y contencioso-administrativos que versen sobre la defensa del derecho de igualdad entre mujeres y hombres, corresponden a:

a) La persona acosada, únicamente.

b) Cualquier ciudadano.

c) Las personas físicas y jurídicas con interés legítimo.

d) Cualquier persona jurídica.

17. Según el artículo 15 de la Ley para la Igualdad efectiva entre Mujeres y Hombres, el principio de igualdad de trato y oportunidades informará la actuación de todos los poderes públicos:

a) Con carácter transversal.

b) De forma equilibrada.

c) Solo cuando se trate de colectivos de especial vulnerabilidad o de violencia de hecho.

d) Con carácter no vinculante.

18. Según la Disposición Adicional Primera de la Ley para la Igualdad efectiva entre Mujeres y Hombres, se entenderá por composición equilibrada la presencia de mujeres y hombres de forma que, en el conjunto al que se refiera, las personas de cada sexo:

a) Tengan la misma representación; es decir la mitad, o la mitad más uno o menos uno si es un número impar de miembros.

b) No superen el 60 % ni sean menos del 40 %.

c) No superen el 70 % ni sean menos del 30 %.

d) No sean menos del 10 %.

19. Los proyectos de disposiciones de carácter general y los planes de especial relevancia económica, social, cultural y artística que se sometan a la aprobación del Consejo de Ministros deberán incorporar:

a) Un Plan Estratégico de Igualdad de Oportunidades.

b) Una estadística o encuesta que posibilite el conocimiento de las diferencias en los valores, roles, situaciones y condiciones, de mujeres y hombres en el ámbito de acción del proyecto o plan.

c) Un informe periódico sobre el conjunto de sus actuaciones en relación con la efectividad del principio de igualdad entre mujeres y hombres.

d) Un informe sobre su impacto por razón de género.

20. Se definen como "un conjunto ordenado de medidas, adoptadas después de realizar un diagnóstico de situación, tendentes a alcanzar en la empresa la igualdad de trato y de oportunidades entre mujeres y hombres y a eliminar la discriminación por razón de sexo":

a) Los programas de mejora de la empleabilidad de las mujeres.

b) Las medidas de acción positiva para favorecer el acceso de las mujeres al empleo y la aplicación efectiva del principio de igualdad de trato y no discriminación en las condiciones de trabajo.

c) Los protocolos de actuación frente al acoso sexual y al acoso por razón de sexo.

d) Los planes de igualdad de las empresas.

En MADTEST tienes **más preguntas de este tema**, y todos tus avances quedan registrados y se reflejan en el ranking.

¡Supera tus límites con MADTEST!

Solución al test n.º 5

1. d) En el marco de la legislación básica del Estado, los derechos y deberes en materia de salud, tanto de los pacientes y usuarios como de los profesionales en Castilla-La Mancha.

2. d) El respeto a la objeción de conciencia de los profesionales sanitarios como manifestación del derecho a la autonomía de la voluntad.

3. c) Derechos relacionados con los servicios asistenciales.

4. a) Los centros, servicios y establecimientos sanitarios vigilarán que se guarde la confidencialidad de los datos referidos a la ideología, religión, creencias, origen racial, vida sexual, al hecho de haber sido objeto de malos tratos y, en general, cuantos datos o informaciones puedan tener especial relevancia para la salvaguarda de la intimidad personal y familiar.

5. a) Deberá respetarse la voluntad del paciente de no ser informado. La renuncia al derecho a ser informado deberá formularse por cualquier medio que permita dejar constancia y se incorporará a la historia clínica.

6. d) Todas las respuestas anteriores son correctas.

7. c) Se prestará por escrito en los procedimientos que impliquen riesgos o inconvenientes de notoria y previsible repercusión negativa sobre la salud del paciente.

8. a) Una declaración de quien presta el consentimiento en la que conste que ha comprendido adecuadamente la información, que conoce que el consentimiento puede ser revocado en cualquier momento, expresando la causa de la revocación y que ha recibido una copia del documento.

9. d) Se incluyen a los profesionales de los centros, servicios y establecimientos sanitarios, siempre que sean públicos y se encuentren ubicados en el territorio de la comunidad autónoma.

10. c) Menores de dieciséis años no emancipados.

11. a) El Título II.

12. a) Toda persona que se encuentre o actúe en territorio español, cualquiera que fuese su nacionalidad, domicilio o residencia.

13. c) Discriminación directa por razón de sexo.

14. b) Acoso por razón de sexo.

15. d) Nulos y sin efecto.

16. c) Las personas físicas y jurídicas con interés legítimo.

17. a) Con carácter transversal.

18. b) No superen el 60 % ni sean menos del 40 %.

19. d) Un informe sobre su impacto por razón de género.

20. d) Los planes de igualdad de las empresas.

TEST PARTE ESPECÍFICA

TEST N.º 6

El espacio físico de una lavandería hospitalaria: instalaciones y equipamiento, organización espacial y funcional. Áreas sucias y limpias. Barreras de contaminación

1. ¿Cuál es la finalidad de una lavandería?

a) Procesar la ropa sucia y contaminada convirtiéndola en ropa limpia que ayuda a la comodidad y cuidado del paciente.
b) Mejorar las cualidades iniciales de una prenda.
c) Eliminar la suciedad soluble.
d) Hacer que la ropa sea más cómoda gracias al desgaste del tejido durante el lavado.

2. ¿Qué funciones tiene el servicio de lavandería y planchado?

a) Reparación y/o reposición de los tejidos deteriorados.
b) Control de los tratamientos de la ropa sucia.
c) Control del tratamiento de la ropa limpia.
d) Todas las respuestas son correctas.

3. ¿Cómo se elimina el agua acumulada durante el lavado en un tejido de rizo?

a) Mediante secado.
b) Planchando.
c) Manteniendo las prendas de estas características juntas durante un tiempo hasta que se hayan escurrido.
d) Cualquiera de estos procesos es válido.

4. ¿Qué importancia tiene que la bolsa donde se empaquete la ropa limpia sea transparente?

a) Permite ver el contenido.
b) Aísla mejor de la luz.
c) Da sensación de mayor limpieza.
d) No tiene ninguna importancia si va o no empaquetada.

5. ¿Cómo se mueve la ropa sucia que llega a una lavandería?

a) Por vagonetas.
b) Por cintas transportadoras.

c) Por rieles.
d) Todas las respuestas son correctas.

6. ¿Qué afirmación no es correcta?

a) La lavadora se carga por la zona sucia.
b) La lavadora se descarga por la zona limpia.
c) La lavadora desagua por la zona limpia.
d) Las respuestas a) y b) son correctas.

7. ¿En qué momento se deslía la ropa?

a) Al salir de la calandra.
b) Al salir del túnel de secado.
c) Al salir del túnel de lavado.
d) Antes de su distribución.

8. ¿En qué se basa el planchado de la ropa?

a) Calor.
b) Presión.
c) Frotación.
d) Las respuestas a) y b) son correctas.

9. ¿Qué ocurre cuando el peso de ropa por lavado es mayor que el recomendado?

a) La ropa queda más apretada, dificultando que los productos puedan penetrar en los tejidos. Este problema no se va a resolver aumentando la dosis de detergente.
b) Las prendas no quedan limpias y pueden permanecer restos de suciedad en algunas zonas.
c) Las máquinas trabajan más forzadas y el sistema se puede dañar, causando una avería.
d) Todas las respuestas son correctas.

10. ¿Cuánto se reduce el peso de la ropa por el centrifugado? Se reduce un…

a) 20 %.
b) 40 %.
c) 60 %.
d) 75 %.

En MADTEST tienes **más preguntas de este tema**, y todos tus avances quedan registrados y se reflejan en el ranking.

¡Supera tus límites con MADTEST!

Solución al test n.º 6

1. a) Procesar la ropa sucia y contaminada convirtiéndola en ropa limpia que ayuda a la comodidad y cuidado del paciente.

2. d) Todas las respuestas son correctas.

3. a) Mediante secado.

4. a) Permite ver el contenido.

5. d) Todas las respuestas son correctas.

6. c) La lavadora desagua por la zona limpia.

7. c) Al salir del túnel de lavado.

8. d) Las respuestas a) y b) son correctas.

9. d) Todas las respuestas son correctas.

10. c) 60 %.

TEST N.º 7

Medios y recursos materiales del servicio de lavandería. Zona de clasificación, contenedores, mesas de clasificación, cintas y básculas. Sistemas de lavado de ropa: lavadoras y túneles de lavado. Nociones básicas de mantenimiento de los equipos

1. Todo lo que se expone respecto al tratamiento de ropa a nivel hospitalario es cierto, excepto que:

a) Se lleva a cabo en fases separadas.
b) Sigue el principio de no retroceso.
c) Es un proceso discontinuo.
d) Es necesaria la separación de dos zonas, limpia y sucia a través de una barrera sanitaria.

2. ¿Qué es necesario de calcular a la hora de implantar un servicio de lavandería?

a) Dotación de medios humanos necesarios.
b) Dotación de medios materiales necesarios.
c) Son ciertas las respuestas a) y b).
d) Son inciertas las respuestas a) y b).

3. ¿Qué aspectos de la maquinaria de lavandería no se deben considerar?

a) Lo que consume la maquinaria.
b) La capacidad y la potencia del aparato.
c) La marca de los equipos.
d) El número necesario, y el espacio disponible donde ubicar las máquinas.

4. ¿De qué cuestión va a depender la cantidad de ropa que se va a procesar en un servicio de lavandería?

a) De si la lavandería atiende la demanda de una sola institución o de varias.
b) Del número de usuarios o residentes que emitan ropa.
c) Son ciertas las respuestas a) y b).
d) Son inciertas las respuestas a) y b).

5. ¿Qué tipo de tratamiento o programas de lavado se le dará a las ropas que tengan manchas de grasas en mayor o menor cuantía?

a) La maquinaria de lavado admitirá programas adecuados que ayuden a emulsionar esas grasas.

b) La maquinaria de lavado admitirá programas adecuados que ayuden a licuar esas grasas.

c) La maquinaria de lavado admitirá programas adecuados que ayuden a blanquear esas grasas.

d) La maquinaria de lavado admitirá programas adecuados que ayuden a suavizar esas grasas.

6. ¿Qué concordancia entre las fases del proceso de tratamiento de la ropa e la correcta?

a) Secado, planchado y lavado.

b) Secado, lavado y planchado.

c) Lavado, secado y planchado.

d) Lavado, planchado y secado.

7. ¿Qué ocurrirá si se dispone de suficiente maquinaria de lavado, pero pocas planchas?

a) La ropa se acumulará en la zona de lavado.

b) La ropa se acumulará en la zona de secado.

c) La ropa se acumulará en la zona de planchado.

d) La ropa no se acumulará en ninguna sección de tratamiento.

8. ¿Cómo se hará la dotación de maquinaria en una lavandería?

a) Se hará atendiendo al proceso y la organización del trabajo.

b) Se hará atendiendo a las características de la ropa a tratar y la organización del trabajo.

c) Se hará atendiendo a las características de la ropa a tratar y el proceso del trabajo.

d) Se hará atendiendo a las características de la ropa a tratar, el proceso y la organización del trabajo.

9. ¿Qué tipo de maquinaria consideras una centrifugadora?

a) Maquinaria para secado.

b) Maquinaria para planchado.

c) Maquinaria para lavado.

d) Maquinaria para empaquetado.

10. ¿Qué tipo de maquinaria consideras una calandra?

a) Maquinaria para secado.
b) Maquinaria para empaquetado.
c) Maquinaria para lavado.
d) Maquinaria para planchado.

11. ¿Qué tipo de maquinaria consideras una plegadora?

a) Maquinaria para secado.
b) Maquinaria para lavado.
c) Maquinaria para planchado.
d) Maquinaria para empaquetado.

12. La dotación de un suavizante en una lavandería la realizo en función de:

a) La fase de tratamiento donde se emplee.
b) Su eficacia.
c) Su coste.
d) Debo tener en cuenta todo lo anterior.

13. ¿Cómo deben ser, siempre que sea posible, los detergentes empleados en el lavado de la ropa?

a) Que dejen residuos en el agua.
b) Algo contaminantes.
c) Biodegradables.
d) Todo lo anterior es falso.

14. ¿En cuántas fases se realizarán las pruebas de lavado?

a) En dos fases.
b) En tres fases.
c) En cuatro fases.
d) Se hace una prueba y se repite con otros productos para valorar la capacidad del detergente para eliminar las manchas.

15. ¿Qué fase será la definitiva en la elección del producto en las pruebas de lavado?

a) Será la primera fase.
b) Será la segunda fase.
c) Serán las dos fases.
d) Ninguna de las fases dará la elección del producto.

16. ¿Qué nombre recibe la cantidad que hay que añadir de un producto en cada fase del ciclo de lavado?

a) Colocación.
b) Integración.
c) Diversificación.
d) Dosificación.

17. ¿Qué ocurriría con un exceso de dosis de un producto en el lavado?

a) No ocurriría nada.
b) No lograría el efecto esperado y dejaría manchas en la ropa.
c) Aumentaría el residuo en el vertido y podría deteriorar la ropa.
d) Son ciertas las respuestas b) y c).

18. ¿Qué sistema de dosificación del detergente se emplea normalmente?

a) El sistema de depósito de predisolución del centro al 10 %.
b) El sistema de autodosificación.
c) El sistema de depósito de predisolución del centro al 30 %.
d) El sistema de bolas de dosificación.

19. ¿Cuándo se debe reponer el detergente en el depósito del centro si se emplea el sistema de depósito de predisolución?

a) Al inicio de la jornada.
b) Al final de la jornada.
c) A mitad de jornada.
d) Conforme se vaya necesitando.

20. ¿Cómo se dosifican los aditivos de blanqueo?

a) Mediante bombas peristálticas.
b) Mediante sistema de depósito.
c) Mediante impulsos al túnel.
d) Mediante bombas centrífugas.

En MADTEST tienes **más preguntas de este tema**, y todos tus avances quedan registrados y se reflejan en el ranking.

¡Supera tus límites con MADTEST!

Solución al test n.º 7

1. c) Es un proceso discontinuo.

2. c) Son ciertas las respuestas a) y b).

3. c) La marca de los equipos.

4. c) Son ciertas las respuestas a) y b).

5. a) La maquinaria de lavado admitirá programas adecuados que ayuden a emulsionar esas grasas.

6. c) Lavado, secado y planchado.

7. c) La ropa se acumulará en la zona de planchado.

8. d) Se hará atendiendo a las características de la ropa a tratar, el proceso y la organización del trabajo.

9. c) Maquinaria para lavado.

10. d) Maquinaria para planchado.

11. d) Maquinaria para empaquetado.

12. d) Debo tener en cuenta todo lo anterior.

13. c) Biodegradables.

14. a) Dos fases.

15. b) Será la segunda fase.

16. d) Dosificación.

17. c) Aumentaría el residuo en el vertido y podría deteriorar la ropa.

18. a) El sistema de depósito de predisolución del centro al 10%.

19. b) Al final de la jornada.

20. a) Mediante bombas peristálticas.

TEST N.º 8

La ropa hospitalaria, tipos. Características de los textiles y estudio de las diferentes fibras que componen los tejidos

1. ¿Qué afirmación relacionada con la ropa hospitalaria es incorrecta?

a) Durante la estancia en un hospital es frecuente la sensación de pérdida de intimidad.
b) La ropa tiene la función de abrigo, protección e intimidad.
c) Se siente vulnerabilidad durante la estancia hospitalaria.
d) La ropa hospitalaria puede crear una sensación de comodidad al paciente, aunque no le influya en su recuperación.

2. ¿Qué características básicas de las que se exponen tendrá la ropa hospitalaria?

a) Elasticidad, suavidad y holgura.
b) Comodidad, suavidad e higiene.
c) Comodidad, elasticidad y estética.
d) Tallaje, marcaje e higiene.

3. ¿Qué afirmación respecto a los atributos que debe tener la ropa hospitalaria es incorrecto?

a) Es importante que la ropa resulte confortable.
b) Será estrecha y muy ajustada, con el fin de proteger su intimidad.
c) El paciente debe sentirse bien con ella puesta.
d) No debe presentar pliegues, arrugas o costuras.

4. ¿Cuál es el objetivo principal con la ropa hospitalaria en los procesos de lavado, desinfección, secado, planchado y almacenamiento para sean realizados correctamente?

a) Alcanzar una limpieza normal.
b) Alcanzar un blanqueamiento total.
c) Alcanzar una higiene óptima.
d) Son ciertas las respuestas a) y b).

5. ¿Qué prendas no son ropa de forma?

a) Pantalones, camisas, batas.
b) Camisones, pijamas.
c) Mantas, colchas, manteles.
d) Todas las respuestas son correctas.

6. ¿Qué ropa no es de línea?

a) Sábana entremetida
b) Gorro verde de quirófano.
c) Funda de almohada.
d) Uniforme de celador.

7. ¿Qué ropa hospitalaria de forma es de algodón 100 %?

a) Camiseta de niño.
b) Pijama de niño.
c) Bata verde de quirófano.
d) Son todas ropas de algodón 100%.

8. ¿Qué ropa de línea hospitalaria es de algodón 100 %?

a) Sábana blanca.
b) Funda de almohada.
c) Colcha de cama.
d) Son todas ropas de algodón 100%.

9. ¿A qué tipo de tratamiento no puede ser sometida la ropa hospitalaria en un centro infantil?

a) A tratamientos poco agresivos.
b) A tratamientos medianamente agresivo.
c) A tratamientos demasiado agresivos.
d) A tratamientos muy suaves.

10. ¿Con qué tipo de ropa la decoloración es un problema frecuente?

a) Con la ropa de cama.
b) Con la ropa interior de pacientes.
c) Con la ropa verde de quirófanos.
d) Con la ropa de dormir (pijama, camisón…).

11. ¿Cómo se denomina también la ropa de línea?

a) De forma.
b) Informe.

c) Lisa.
d) Rugosa.

12. ¿Cómo se hace el cálculo de la producción de ropa en una lavandería?

a) En función del número de prendas de línea.
b) En función del peso de ropa.
c) En función del volumen de ropa.
d) En función del número de bolsas de ropa.

13. ¿Qué es mayor, el peso de la ropa lavada o el peso de la ropa tratada?

a) El peso de la ropa lavada.
b) Son iguales.
c) El peso de la ropa tratada.
d) Depende de la ropa.

14. ¿Cómo se denomina la cantidad de ropa que ha sido sometida a todo el proceso: lavado, planchado y empaquetado?

a) Tratada.
b) Terminada.
c) Lavada.
d) Producida.

15. ¿Cuánta ropa es producida en una lavandería?

a) Toda la ropa que entró en la lavandería.
b) La ropa que ha sido sometida a todo el proceso.
c) Toda la ropa desechada.
d) La suma de a) y c).

16. ¿Qué nombre recibe el periodo de tiempo durante el cual la ropa conserva sus características, y permanece apta para su uso habitual?

a) Tiempo de duración.
b) Caducidad.
c) Vida útil.
d) Capacidad vital.

17. ¿Cómo se mide la vida útil de la ropa?

a) Vida media en meses.
b) Vida media en años.
c) Ciclos de lavado que es capaz de soportar.
d) Ciclos de lavado que no es capaz de soportar.

18. ¿Qué características determinan la calidad de los tejidos?

a) El entrelazado.
b) La composición.
c) El color.
d) Son correctas las respuestas a) y b).

19. ¿Qué se define como el resultado de la realización de cruces de unas fibras sobre otras, para dar un producto plano?

a) Hilado.
b) Cruzado.
c) Entrelazado.
d) Ninguna de las anteriores.

20. ¿Qué resulta del entrelazado de las fibras?

a) Un tejido rugoso.
b) Un producto plano, el tejido.
c) Una fibra mayor.
d) Una prenda.

En MADTEST tienes **más preguntas de este tema**, y todos tus avances quedan registrados y se reflejan en el ranking.

¡Supera tus límites con MADTEST!

Solución al test n.º 8

1. d) La ropa hospitalaria puede crear una sensación de comodidad al paciente, aunque no le influya en su recuperación.

2. b) Comodidad, suavidad e higiene.

3. b) Será estrecha y muy ajustada, con el fin de proteger su intimidad.

4. c) Una higiene óptima.

5. c) Mantas, colchas, manteles.

6. d) Uniforme de celador.

7. a) Camiseta de niño.

8. d) Son todas ropas de algodón 100 %.

9. c) A tratamientos demasiado agresivos.

10. c) Con la ropa verde de quirófanos.

11. c) Lisa.

12. b) En función del peso de ropa.

13. c) El peso de la ropa tratada.

14. d) Producida.

15. b) La ropa que ha sido sometida a todo el proceso.

16. c) Vida útil.

17. c) Ciclos de lavado que es capaz de soportar.

18. d) Son correctas las respuestas a) y b).

19. c) Entrelazado.

20. b) Un producto plano, el tejido.

TEST N.º 9

Procesamiento de la ropa en área sucia: técnicas de lavado (temperaturas, tiempos). Tipos de suciedad (manchas) y formas de eliminarla. Ideas básicas de eliminación de manchas. Procesamiento de la ropa en área limpia: centrifugado, secado, calandrado

1. ¿Cómo se quitará una mancha de bolígrafo sobre un tejido?

a) Con alcohol.
b) Con agua oxigenada.
c) Con lejía.
d) Con aguarrás.

2. ¿Qué elemento se puede utilizar para quitar manchas de óxido de las prendas?

a) Aceite.
b) Limón.
c) Sal.
d) Alcohol.

3. ¿Cómo se quitará una mancha de maquillaje sobre un tejido?

a) Con alcohol.
b) Con vinagre.
c) Con éter.
d) Con sal.

4. Una mancha de sangre en un tejido se quitará:

a) Lavando con agua y desinfectante, necesario para evitar problemas.
b) Lavando con agua fría y detergente, y si quedan restos, se puede frotar con clorhexidina.

c) Lavando con agua fría y detergente, y si quedan restos, se puede frotar con agua oxigenada.

d) Nada de lo anterior es cierto.

5. ¿Cuál de las siguientes afirmaciones es correcta?

a) La circulación de la ropa en la lavandería se separa en dos circuitos que se cruzan constantemente.

b) Los carros destinados al transporte de ropa sucia pueden utilizarse para el traslado de ropa limpia, pero no al contrario.

c) Los ascensores o montacargas destinados a trasladar ropa sucia serán de uso exclusivo.

d) Todas las afirmaciones son correctas.

6. ¿Qué es falso sobre el almacenamiento de la ropa sucia?

a) Permanece en las mismas bolsas donde se recogió.

b) Se almacenará por un tiempo lo más breve posible.

c) Se almacenará en el mismo lugar donde se produce, nunca en bolsas.

d) Se almacenará en lugares bien ventilados.

7. Todo lo que se expone de las maquinas secadoras es falso, excepto que:

a) El proceso de secado de la ropa se realiza por frío.

b) Las máquinas de secado tienen una capacidad inferior a las máquinas de lavado.

c) Al final del ciclo de secado habrá una fase de calentamiento.

d) Cuando las prendas se van a planchar, ya no tienen humedad alguna tras el secado.

8. ¿Para el planchado de qué tipo de ropa se emplea la calandra?

a) Para el planchado de ropa de línea (o lisa).

b) Para el planchado de ropa de línea (o rugosa).

c) Para el planchado de ropa de forma.

d) Para el planchado de ropa de abrigo (chaquetones, abrigos…).

9. ¿Qué tipo de calandra es la menos parecida según sus componentes y/o sistema?

a) Calandra con cilindro central y rodillos periféricos.

b) Calandra con cilindro central con lona conductora.

c) Calandra con cubera.

d) Son todas muy parecidas.

10. ¿Cuál es el primer paso de funcionamiento de la calandra?

a) Pasar una sábana con cera o parafina.
b) Conectar la máquina pulsando el botón de marcha.
c) Seleccionar la velocidad de planchado.
d) Colocar la ropa lisa procedente de la lavacentrífuga.

En MADTEST tienes **más preguntas de este tema**, y todos tus avances quedan registrados y se reflejan en el ranking.

¡Supera tus límites con MADTEST!

Solución al test n.º 9

1. a) Con alcohol.

2. b) Limón.

3. c) Con éter.

4. c) Lavando con agua fría y detergente, y si quedan restos, se puede frotar con agua oxigenada.

5. c) Los ascensores o montacargas destinados a trasladar ropa sucia serán de uso exclusivo.

6. c) Se almacenará en el mismo lugar donde se produce, nunca en bolsas.

7. b) Las máquinas de secado tienen una capacidad inferior a las máquinas de lavado.

8. a) Para el planchado de ropa de línea (o lisa).

9. c) Calandra con cubera.

10. b) Conectar la máquina pulsando el botón de marcha.

TEST N.º 10

El agua como uno de los elementos más importantes en el lavado de ropa. Calidad del agua. Tratamientos del agua

1. El agua está compuesta por:

a) 4 átomos: 2 de hidrógeno y 2 de oxígeno.
b) 3 átomos: 2 de hidrógeno y 1 de oxígeno.
c) 2 átomos: 1 de hidrógeno y 1 de oxígeno.
d) 1 solo átomo de oxígeno.

2. Entre los microorganismos del agua, encontramos:

a) Bacterias, virus.
b) Algas.
c) Protozoos.
d) Todas las respuestas son correctas.

3. Carecen de núcleo verdadero o bien definido:

a) Eucarióticas.
b) Procarióticas.
c) Mecarióticas.
d) Pricarióticas.

4. Las bacterias del agua son microorganismos:

a) Procarióticos.
b) Eucarióticos.
c) Bacilos.
d) Espirilos.

5. En los componentes variables celulares de la bacteria, encontramos:

a) Membranas celulares.
b) Ribosomas.
c) Región nuclear.
d) Flagelos.

6. Las bacterias del agua que requieren oxígeno libre para metabolizar sus alimentos, se denominan:

a) Bacterias anaeróbicas.
b) Bacterias anaeróbicas facultativas.
c) Bacterias aeróbicas.
d) Bacterias menaeróbicas.

7. Las bacterias mesofílicas, necesitan una temperatura de operación de:

a) 40 a 80 ºC.
b) 20 a 40 ºC.
c) 15 a 30 ºC.
d) < 30 ºC.

8. Un agua dura es:

a) El agua fuerte.
b) La que impide la perfecta disolución del jabón.
c) Agua que contiene sales de calcio.
d) Agua de río.

9. Los microorganismos más simples que contienen clorofila, se denominan:

a) Protozoos.
b) Algas.
c) Virus.
d) Bacterias.

10. ¿El agua puede transmitir enfermedades?

a) No, nunca.
b) Sí, como enfermedad entéricas.
c) Sí, como enfermedad de tipo alérgico.
d) No, el agua es imprescindible para la supervivencia y como tal no transmite enfermedad.

En MADTEST tienes **más preguntas de este tema**, y todos tus avances quedan registrados y se reflejan en el ranking.

¡Supera tus límites con MADTEST!

Solución al test n.º 10

1. b) 3 átomos: 2 de hidrógeno y 1 de oxígeno.

2. d) Todas las respuestas son correctas.

3. b) Procarióticas.

4. a) Procarióticos.

5. d) Flagelos.

6. c) Bacterias aeróbicas.

7. b) 20 a 40 ºC.

8. b) La que impide la perfecta disolución del jabón.

9. b) Algas.

10. b) Sí, como enfermedad entéricas.

TEST N.º 11

Características de los productos de lavado y neutralizantes. Calidades de las lejías. Anticloros: ventajas e inconvenientes. Reacción de los tejidos a la acción de ácidos, lejías, oxidantes, temperatura y acción mecánica

1. ¿Qué elemento realiza la acción química durante el lavado?

a) La maquinaria.
b) Los tejidos.
c) Los productos.
d) Todas las respuestas son correctas.

2. El "Círculo de Sinner":

a) Consiste en conseguir el equilibrio entre control de agua, control de productos, control de maquinaria y control de operaciones.

b) Consiste en conseguir el equilibrio entre cuatro factores: acción mecánica, acción química, temperatura del agua y tiempo de acción, permitiendo variar el peso de los mismos.

c) Consiste en conseguir el equilibrio entre las fases de clasificación de ropa, carga de lavadoras, lavado, planchado, plegado y envasado.

d) Consiste en conseguir el equilibrio entre el espacio físico de la lavandería y la diversificación de zonas.

3. ¿Con qué letra se denominan las indicaciones de peligro de las etiquetas de los productos?

a) P.
b) R.
c) H.
d) S.

4. ¿Cómo se denomina el documento elaborado por el fabricante de una sustancia o mezcla química en la que se ofrece abundante información sobre sus riesgos?

a) Ficha de datos de seguridad.
b) Etiqueta.

c) envase.
d) Prospecto.

5. ¿Qué datos contendrá la FDS sobre la manipulación y almacenamiento del producto?

a) Precauciones para una manipulación segura.
b) Condiciones de almacenamiento seguro, incluidas posibles incompatibilidades.
c) Usos específicos finales.
d) Todas las respuestas son correctas.

6. ¿Qué tipo de peligro tienen las sustancias comburentes?

a) Físicos.
b) Químicos.
c) Para la salud.
d) Para el medio ambiente.

7. Cuando una sustancia o mezcla inducen cáncer o aumentan su incidencia, ¿cómo se denomina?

a) Mutagénica.
b) Carcinogénica.
c) Pirogénica.
d) Tóxica.

8. Si en la etiqueta de un producto aparece el siguiente símbolo significa qué es:

a) Peligroso para el medio ambiente.
b) Nocivo.
c) Biodegradable.
d) Tóxico.

9. Los pictogramas de peligro son composiciones gráficas que contienen:

a) Un símbolo rojo sobre un fondo negro, con un marco naranja lo suficientemente ancho para ser claramente visible.
b) Un símbolo blanco sobre un fondo negro, con un marco rojo lo suficientemente ancho para ser claramente visible.
c) Un símbolo rojo sobre un fondo blanco, con un marco naranja lo suficientemente ancho para ser claramente visible.
d) Un símbolo negro sobre un fondo blanco, con un marco rojo lo suficientemente ancho para ser claramente visible.

10. Las indicaciones de peligro, llamadas H, se agrupan en:

a) Peligros para la salud humana.
b) Peligros físicos.

c) Peligros para el medio ambiente.
d) Todas las respuestas son correctas.

11. El documento que elabora el fabricante de una sustancia o mezcla química para informar de sus riesgos se llama:

a) Libro Técnico de Riesgos.
b) Ficha de Datos de Seguridad.
c) Libro de Instrucciones.
d) Nota Técnica de Prevención.

12. Los envases en que se presentan para la venta los productos de limpieza han de cumplir ciertos requisitos. ¿Cuál de los siguientes es falso?

a) Los materiales que constituyen los envases y sus cierres han de ser fácilmente solubles en el contenido para no entrar en reacción con él.
b) Los envases y sus cierres estará diseñados y fabricados de manera que sean estancos, fuertes y sólidos.
c) Los envases de los productos con un sistema de cierre reutilizable dispondrán de un cierre de características y diseños tales que una vez abiertos puedan ser nuevamente cerrados sin perder su carácter estanco.
d) La válvula de los productos envasados en aerosoles deberá permitir el cierre prácticamente hermético del generador de aerosol y estar protegida contra toda abertura involuntaria.

13. El Reglamento CLP establece tres tipos de peligros que pueden representar las sustancias o sus mezclas; señala la incorrecta:

a) Peligros para el medio ambiente.
b) Peligros físicos.
c) Peligros para la salud.
d) Peligros contagiables.

14. Según el Reglamento CLP, ¿en cuántas clases se agrupan los peligros relacionados con las propiedades fisicoquímicas de los productos?

a) En 2 clases.
b) En 6 clases.
c) En 10 clases.
d) En 16 clases.

15. Los líquidos inflamables son aquellos cuyo punto de inflamación no supera:

a) 60 ºC.
b) 80 ºC.
c) 93 ºC.
d) 110 ºC.

16. ¿Cómo se llaman las sustancias que en contacto con otras producen una reacción exotérmica?

a) Pirofóricas.
b) Explosivas.
c) Comburentes.
d) Corrosivas.

17. Las sustancias o mezclas líquidas o sólidas que, aún en pequeñas cantidades, pueden inflamarse al cabo de 5 minutos de entrar en contacto con el aire, se llaman:

a) Sustancias pirofóricas.
b) Sustancias comburentes.
c) Sustancias autorreactivas.
d) Sustancias explosivas.

18. Los peligros para la salud se hallan divididos, según el Reglamento CLP, en:

a) 20 clases y 35 categorías.
b) 2 clases y 5 categorías.
c) 10 clases y 25 categorías.
d) 16 clases y 45 categorías.

19. No se considera toxicidad aguda cuando los efectos adversos se manifiestan:

a) Tras la administración por vía oral de una sola dosis de una sustancia o mezcla.
b) Tras dosis múltiples administradas a lo largo de 24 horas.
c) Como consecuencia de una exposición por inhalación durante 4 horas.
d) Tras la administración por vía cutánea de entre 10 a 20 dosis de una sustancia o mezcla.

20. Se clasifican como irritantes oculares las sustancias que, como consecuencia de su aplicación en la superficie anterior del ojo, producen alteraciones oculares totalmente reversibles en:

a) Las 4 horas siguientes a la aplicación.
b) Las 24 horas siguientes a la aplicación.
c) Los 10 días siguientes a la aplicación.
d) Los 21 días siguientes a la aplicación.

Solución al test n.º 11

1. c) Los productos.

2. b) Consiste en conseguir el equilibrio entre cuatro factores: acción mecánica, acción química, temperatura del agua y tiempo de acción, permitiendo variar el peso de los mismos.

3. c) H.

4. a) Ficha de datos de seguridad.

5. d) Todas las respuestas son correctas.

6. a) Físicos.

7. b) Carcinogénica.

8. a) Peligroso para el medio ambiente.

9. d) Un símbolo negro sobre un fondo blanco, con un marco rojo lo suficientemente ancho para ser claramente visible.

10. d) Todas las respuestas son correctas.

11. b) Ficha de Datos de Seguridad.

12. a) Los materiales que constituyen los envases y sus cierres han de ser fácilmente solubles en el contenido para no entrar en reacción con él.

13. d) Peligros contagiables.

14. d) En 16 clases.

15. a) 60 ºC.

16. c) Comburentes.

17. a) Sustancias pirofóricas.

18. c) 10 clases y 25 categorías.

19. d) Tras la administración por vía cutánea de entre 10 a 20 dosis de una sustancia o mezcla.

20. d) Los 21 días siguientes a la aplicación.

TEST N.º 12

**Métodos de lavado. Mojado, prelavado, aclarado, lejiado.
Programas de lavado según la suciedad y tipo de fibra**

1. ¿Cuál es el primer proceso que se lleva a cabo en la lavandería? El primer proceso es...

a) Empaquetado de ropa.
b) Desengrasado de ropa.
c) Planchado de ropa.
d) Lavado de ropa.

2. ¿Cuál de los siguientes no es un objetivo del lavado de ropa?

a) Eliminación total de la suciedad presente en la ropa, sin deteriorar los tejidos, utilizando los productos adecuados.
b) Desinfección de las prendas, cuando sea necesario.
c) Eliminación de todo tipo de manchas, imperfecciones y arrugas.
d) Blanqueo de los tejidos.

3. ¿Qué procesos forman parte de un ciclo de lavado?

a) Lavado, aclarado y centrifugado.
b) Lejíado y neutralizado.
c) Humectación y prelavado.
d) Todas las respuestas son correctas.

4. Todo lo que se dice de los ciclos de lavado es cierto, excepto que:

a) La última fase del ciclo es la de los suavizantes.
b) Las fases de lavado se suceden entre sí, para componer un ciclo de lavado.
c) Nunca en un mismo ciclo puede repetirse alguna de las fases.
d) Un mismo ciclo de lavado puede tener puede tener varias fases de aclarado, tras tratamiento con aditivos.

5. ¿Cuál es la primera fase del ciclo de lavado?

a) Prelavado.
b) Aclarado.
c) Centrifugado.
d) Humectación.

6. ¿Cómo se mantiene la ropa durante la humectación?

a) En agua fría durante 3-5 minutos.
b) En agua caliente durante 3-5 minutos.
c) En agua fría durante una hora.
d) En agua tibia sin tiempo determinado.

7. ¿Qué fases pueden formar parte del prelavado, o fase anterior al lavado?

a) Humectación.
b) Lejíado.
c) Neutralizado.
d) Suavizante.

8. ¿Qué procesos no forman parte del tercer ciclo del prelavado?

a) Centrifugado.
b) Lejíado.
c) Aclarado.
d) Todas las repuestas son correctas.

9. ¿Cuándo se realiza la fase de humectación?

a) A la mitad del lavado.
b) En el prelavado.
c) Al inicio del lavado.
d) Las respuestas b) y c) son correctas.

10. ¿De cuántos ciclos consta la fase de lavado propiamente dicha?

a) De 1 ciclo.
b) De 2 ciclos.
c) De 3 ciclos.
d) De 4 ciclos.

11. ¿En qué momento se produce el aclarado?

a) En la fase de prelavado.
b) En la fase de lavado.

c) Tras la adición y acción de cada producto.
d) Tras el centrifugado.

12. ¿En qué momento se produce el centrifugado?

a) En la fase de prelavado.
b) En la fase de lavado.
c) Tras la adición y acción de cada producto.
d) Tras cada aclarado.

13. ¿Qué objetivo tiene el lejíado de la ropa?

a) Blanquear y desinfectar.
b) Desinfectar y emulsionar.
c) Emulsionar y desinfectar.
d) Aclarar y desinfectar.

14. ¿En qué momento se añade la lejía en los tejidos aconsejados?

a) Durante el prelavado.
b) Antes del prelavado.
c) Después del lavado.
d) Las respuestas a) y c) son correctas.

15. ¿Qué ventajas tiene el lejíado tras el lavado?

a) No necesita neutralizante.
b) Mejor blanqueo.
c) Mayor fijación de cloro.
d) Todas las respuestas son correctas.

16. ¿Cómo actúa la lejía en las prendas de algodón?

a) Se pueden utilizar lejías de cualquier tipo.
b) Es sensible a cualquier lejía y el tejido se estropea.
c) No es para nada recomendable su uso.
d) Se puede utilizar, pero con moderación ya que va degradando el tejido.

17. ¿Qué finalidad tiene el neutralizado?

a) El blanqueo de los tejidos.
b) El aclarado de los tejidos.
c) Evitar el desteñido.
d) Evitar que queden restos de cloro en los tejidos.

18. ¿Qué es falso sobre el suavizante de la ropa?

a) Es recomendable en todo tipo de tejidos.
b) Se añade en el último aclarado.
c) No necesita aclarado posterior.
d) Mejora el tacto de la prenda.

19. ¿En qué momento se añade el suavizante?

a) En el último aclarado.
b) Durante el prelavado.
c) Antes del prelavado.
d) Después del lavado.

20. ¿Cómo suelen estar los programas en una lavandería?

a) Fijados por los lavanderos/as día a día.
b) Predefinidos.
c) Han de variarse periódicamente.
d) No han de variar según el tipo de tejido, ya que se aplican a todos por igual.

En MADTEST tienes **más preguntas de este tema**, y todos tus avances quedan registrados y se reflejan en el ranking.

¡Supera tus límites con MADTEST!

Solución al test n.º 12

1. d) Lavado de ropa.

2. c) Eliminación de todo tipo de manchas, imperfecciones y arrugas.

3. d) Todas las respuestas son correctas.

4. c) Nunca en un mismo ciclo puede repetirse alguna de las fases.

5. d) Humectación.

6. a) En agua fría durante 3-5 minutos.

7. a) Humectación.

8. b) Lejíado.

9. d) Las respuestas b) y c) son correctas.

10. c) De 3 ciclos.

11. c) Tras la adición y acción de cada producto.

12. d) Tras cada aclarado.

13. a) Blanquear y desinfectar.

14. d) Las respuestas a) y c) son correctas.

15. b) Mejor blanqueo.

16. d) Se puede utilizar, pero con moderación ya que va degradando el tejido.

17. d) Evitar que queden restos de cloro en los tejidos.

18. a) Es recomendable en todo tipo de tejidos.

19. a) En el último aclarado.

20. b) Estar predefinido.

TEST N.º 13

Controles de lavado: agua, productos, máquinas, operaciones, aclarados y calidad obtenida

1. ¿Qué procesos forman parte de un ciclo de lavado?

a) Humectación y prelavado.
b) Lavado, aclarado y centrifugado.
c) Lejiado y neutralizado.
d) Todas las respuestas son correctas.

2. ¿Cómo se mantiene la ropa durante la humectación?

a) En agua fría durante 3-5 minutos.
b) En agua caliente durante 3-5 minutos.
c) En agua fría durante una hora.
d) En agua tibia sin tiempo determinado.

3. ¿En qué consiste el aclarado de la ropa?

a) Consiste en mojar la ropa con agua y detergente.
b) Consiste en mantener la ropa mojada para que no se arrugue.
c) Consiste en utilizar agua limpia para disolver los productos de lavado y las suciedades eliminadas.
d) Consiste en someter la ropa a giros rápidos para eliminar el agua retenida.

4. ¿Qué objetivo tiene el lejiado de la ropa?

a) Blanquear.
b) Desinfectar.
c) Emulsionar las suciedades.
d) Son correctas las respuestas a) y b).

5. ¿Qué es falso sobre el suavizante de la ropa?

a) Se añade en el último aclarado.
b) No necesita aclarado posterior.

c) Es recomendable en todo tipo de tejidos.
d) Mejora el tacto de la prenda.

6. ¿Cuál de los siguientes no es un objetivo del lavado de ropa?

a) Eliminación total de la suciedad presente en la ropa, sin deteriorar los tejidos, utilizando los productos adecuados.
b) Desinfección de las prendas, cuando sea necesario.
c) Eliminación de todo tipo de manchas, imperfecciones y arrugas.
d) Blanqueo de los tejidos.

7. ¿Cuándo se realiza la fase de humectación?

a) A la mitad del lavado.
b) En el prelavado.
c) Al inicio del lavado.
d) Las respuestas b) y c) son correctas.

8. ¿Qué procesos forman parte del tercer ciclo del prelavado?

a) Lejiado.
b) Aclarado, con expulsión del agua y centrifugado.
c) Se pone en funcionamiento el termostato para calentar el agua.
d) Todas las repuestas son correctas.

9. ¿En qué momento se produce el aclarado?

a) En la fase de prelavado.
b) En la fase de lavado.
c) Tras la adición y acción de cada producto.
d) Tras el centrifugado.

10. ¿En qué momento se añade la lejía?

a) Durante el prelavado.
b) Antes del prelavado.
c) Después del lavado.
d) Las opciones a) y c) son correctas.

En MADTEST tienes **más preguntas de este tema**, y todos tus avances quedan registrados y se reflejan en el ranking.

¡Supera tus límites con MADTEST!

Solución al test n.º 13

1. d) Todas las respuestas son correctas.

2. a) En agua fría durante 3-5 minutos.

3. c) Consiste en utilizar agua limpia para disolver los productos de lavado y las suciedades eliminadas.

4. d) Son correctas las respuestas a) y b).

5. c) Es recomendable en todo tipo de tejidos.

6. c) Eliminación de todo tipo de manchas, imperfecciones y arrugas.

7. d) Las respuestas b) y c) son correctas.

8. b) Aclarado, con expulsión del agua y centrifugado.

9. c) Tras la adición y acción de cada producto.

10. d) Las opciones a) y c) son correctas.

TEST N.º 14

Secado de ropas, clasificación y recuento. La ropa limpia: manipulación en el empaquetado/distribución, reparación y marcaje; transporte y almacenamiento

1. En las lavanderías, el secado de la ropa se realiza:

a) Al sol.
b) En máquinas secadoras.
c) En máquinas escurridoras-lavadoras.
d) En las calandras.

2. Los sistemas más utilizados en las lavanderías industriales son:

a) Prensas escurridoras.
b) Ventiladores de aire caliente.
c) El secador de transferencia por ciclos.
d) Las respuestas a) y c) son correctas.

3. En el ciclo de secado de la secadora de transferencia por ciclo, el aire de salida que es conducido al exterior oscila entre:

a) 50 al 60 %.
b) 20 al 30 %.
c) 70 al 80 %.
d) 10 al 30 %.

4. En la descarga por basculamiento:

a) La tapa de la descarga se abre mientras el tambor se para y es basculado.
b) La tapa de la descarga se abre mientras el tambor continúa girando y es basculado.
c) La válvula de calefacción se cierra y la válvula de aire no viciado se abre.
d) Ninguna de las anteriores es correcta.

5. El registro de tiro se encuentra situado:

a) Encima del cárter de la máquina, delante de la caja de calefacción.
b) Debajo del cárter de la máquina, detrás de la caja de calefacción.

c) En medio del cárter de la máquina, detrás de la caja de calefacción.
d) Las secadoras no tienen registro de tiro.

6. Para proteger la ropa de posibles insectos:

a) Se pondrán productos olorosos.
b) Se pondrán productos antiparásitos.
c) Se pondrán las prendas en armarios cerrados.
d) Se pondrá la ropa cerca de focos de luz para evitarlos.

7. La clasificación de la ropa de cama se hará:

a) En horizontal.
b) En vertical.
c) Transversal.
d) No necesita clasificación.

8. Los uniformes del personal, se clasifican por:

a) Color.
b) Talla.
c) Especialidad o función.
d) Grado de blancura.

9. Los uniformes que se clasifican por percheros son:

a) Petos de quirófano.
b) Módulo de dirección.
c) Blusas.
d) Cofias.

10. La clasificación de la ropa corre a cargo de:

a) La lencera.
b) La planchadora.
c) La pinche.
d) La gobernanta.

En MADTEST tienes **más preguntas de este tema,** y todos tus avances quedan registrados y se reflejan en el ranking.

¡Supera tus límites con MADTEST!

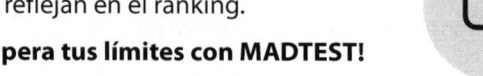

Solución al test n.º 14

1. b) En máquinas secadoras.

2. d)Las respuestas a) y c) son correctas.

3. b) 20 al 30 %.

4. b) La tapa de la descarga se abre mientras el tambor continúa girando y es basculado.

5. a) Encima del cárter de la máquina, delante de la caja de calefacción.

6. b) Se pondrán productos antiparásitos.

7. a) En horizontal.

8. c) Especialidad o función.

9. b) Módulo de dirección.

10. d) La gobernanta.

TEST N.º 15

Protección medioambiental: nociones básicas sobre contaminación ambiental. Principales riesgos medioambientales relacionados con las funciones de la categoría. Prevención de riesgos laborales en el servicio de lavandería

1. La Ley de residuos y suelos contaminados para una economía circular tiene por objeto:

a) Regular el régimen jurídico aplicable a la puesta en el mercado de productos en relación con el impacto en la gestión de sus residuos.

b) Regular el régimen jurídico de la prevención, producción y gestión de residuos, incluyendo el establecimiento de instrumentos económicos aplicables en este ámbito.

c) Regular el régimen jurídico aplicable a los suelos contaminados.

d) Todas las respuestas anteriores son correctas.

2. La Ley de residuos y suelos contaminados para una economía circular es de aplicación:

a) A los residuos radiactivos.

b) A las materias fecales, paja y otro material natural, agrícola o silvícola, no peligroso, utilizado en explotaciones agrícolas y ganaderas, en la silvicultura o en la producción de energía a base de esta biomasa, mediante procedimientos o métodos que no pongan en peligro la salud humana o dañen el medio ambiente.

c) A todo tipo de residuos, con algunas exclusiones.

d) A los explosivos desclasificados.

3. La Ley 7/2022, de 8 de abril, será aplicable:

a) A los cadáveres de animales que hayan muerto de forma diferente al sacrificio, incluidos los que han sido muertos con el fin de erradicar epizootias.

b) A los subproductos animales y sus productos derivados, cuando se destinen a la incineración, a los vertederos o sean utilizados en una planta de digestión anaerobia, de compostaje o de obtención de combustibles.

c) A las aguas residuales.

d) A los residuos resultantes de la prospección, de la extracción, del tratamiento o del almacenamiento de recursos minerales, así como de la explotación de canteras.

4. Se excluirán del ámbito de aplicación de la Ley 7/2022, de 8 de abril, los sedimentos reubicados en el interior de las aguas superficiales a efectos de gestión de las aguas y de las vías navegables, de prevención de las inundaciones o de mitigación de los efectos de las inundaciones y de las sequías, o de creación de nuevas superficies de terreno, si se demuestra:

a) Que dichos sedimentos son residuos.

b) Que dichos sedimentos no son residuos.

c) Que dichos sedimentos no son peligrosos.

d) Ninguna de las respuestas anteriores es correcta.

5. A los efectos de la Ley 7/2022, de 8 de abril, de residuos y suelos contaminados para una economía circular, se entenderá por residuo:

a) Cualquier sustancia que su poseedor deseche.

b) Cualquier objeto que su poseedor tenga la intención de desechar.

c) Cualquier sustancia que su poseedor tenga la obligación de desechar.

d) Todas las respuestas son correctas.

6. No se considera un residuo doméstico:

a) Los residuos que se generan en los hogares de aparatos eléctricos y electrónicos, ropa, pilas, acumuladores, muebles y enseres.

b) Los residuos y escombros procedentes de obras menores de construcción y reparación domiciliaria.

c) Los residuos generados en los hogares, servicios e industrias, como consecuencia de las actividades domésticas.

d) Los residuos generados por la actividad propia del comercio, al por mayor y al por menor, de los servicios de restauración y bares, de las oficinas y de los mercados, así como del resto del sector servicios.

7. Los residuos procedentes de limpieza de vías públicas, zonas verdes, áreas recreativas y playas, tendrán la consideración de:

a) Residuos comerciales.

b) Residuos industriales.

c) Residuos domésticos.

d) Residuos peligrosos.

8. Son residuos industriales:

a) Los vehículos abandonados.

b) Los residuos que se generan en los hogares de aparatos eléctricos y electrónicos, ropa, pilas, acumuladores, muebles y enseres.

c) Los residuos generados por la actividad propia del comercio, al por mayor y al por menor, de los servicios de restauración y bares, de las oficinas y de los mercados, así como del resto del sector servicios.

d) Los residuos resultantes de los procesos de producción, fabricación, transformación, utilización, consumo, limpieza o mantenimiento generados por la actividad industrial como consecuencia de su actividad principal.

9. Los animales domésticos muertos, tienen la consideración de:

a) Residuos domésticos.
b) Residuos comerciales.
c) Residuos industriales.
d) No tienen la consideración de residuo.

10. El residuo peligroso:

a) Es aquel que presenta una o varias características peligrosas.
b) Es aquel que puede aprobar el Gobierno de conformidad con lo establecido en la normativa europea o en los convenios internacionales de los que España sea parte.
c) Los recipientes y envases que hayan contenido residuos peligrosos.
d) Todas las respuestas son correctas.

11. Los vehículos abandonados tienen la consideración de:

a) Residuos comerciales.
b) Residuos domésticos.
c) Residuos industriales.
d) Residuos peligrosos.

12. Se consideran aceites usados todos los aceites industriales o de lubricación, de origen mineral, natural o sintético, que hayan dejado de ser aptos para el uso originalmente previsto. Entre ellos no se encuentran:

a) Los aceites usados de motores de combustión y los aceites de cajas de cambios.
b) Los aceites usados en el entorno doméstico.
c) Los aceites lubricantes.
d) Los aceites para turbinas y los aceites hidráulicos.

13. Se considera biorresiduo:

a) Los residuos alimenticios y de cocina procedentes de hogares.
b) Los residuos alimenticios y de cocina procedentes de restaurantes y servicios de restauración colectiva.
c) Los residuos alimenticios y de cocina procedentes de establecimientos de venta al por menor.
d) Todas las respuestas anteriores son correctas.

14. La Ley 7/2022, de 8 de abril, define «prevención» al conjunto de medidas adoptadas en la fase de concepción y diseño, de producción, de distribución y de consumo de una sustancia, material o producto para reducir:

a) La cantidad de residuo, incluso mediante la reutilización de los productos o el alargamiento de la vida útil de los productos.

b) Los impactos adversos sobre el medio ambiente y la salud humana de los residuos generados, incluyendo el ahorro en el uso de materiales o energía.

c) El contenido de sustancias nocivas en materiales y productos.

d) Todas las respuestas anteriores son correctas.

15. No se incluye en la definición de «productor de residuos»:

a) Las personas físicas o jurídicas que estén en posesión de residuos.

b) Cualquier persona física cuya actividad produzca residuos (productor inicial de residuos).

c) Cualquier persona que efectúe operaciones de tratamiento previo, de mezcla o de otro tipo, que ocasionen un cambio de naturaleza o de composición de esos residuos.

d) Cualquier persona jurídica cuya actividad produzca residuos (productor inicial de residuos).

16. A toda persona física o jurídica que organiza la valorización o la eliminación de residuos por encargo de terceros, se define por la Ley 7/2022, de 8 de abril, como:

a) Productor de residuos.

b) Negociante.

c) Agente.

d) Poseedor de residuos.

17. Toda persona física o jurídica que actúe por cuenta propia en la compra y posterior venta de residuos, se define por la Ley 7/2022, de 8 de abril, como:

a) Productor de residuos.

b) Negociante.

c) Agente.

d) Poseedor de residuos.

18. Según la Ley 7/2022, de 8 de abril, ¿qué se entiende por «recogida»?

a) La recogida, el transporte y tratamiento de los residuos, incluida la vigilancia de estas operaciones, así como el mantenimiento posterior al cierre de los vertederos, incluidas las actuaciones realizadas en calidad de negociante o agente.

b) Cualquier operación mediante la cual productos o componentes de productos que no sean residuos se utilizan de nuevo con la misma finalidad para la que fueron concebidos.

c) La operación consistente en el acopio, la clasificación y almacenamiento iniciales de residuos, de manera profesional, con el objeto de transportarlos posteriormente a una instalación de tratamiento.

d) Las operaciones de valorización o eliminación, incluida la preparación anterior a la valoración o eliminación.

19. La recogida en la que un flujo de residuos se mantiene por separado, según su tipo y naturaleza, para facilitar un tratamiento específico se define como:

a) Gestión de residuos.
b) Tratamiento.
c) Recogida separada.
d) Reutilización.

20. Indique cuál de las siguientes es una operación de valorización consistente en la comprobación, limpieza o reparación, mediante la cual productos o componentes de productos que se hayan convertido en residuos se preparan para que puedan reutilizarse sin ninguna otra transformación previa:

a) Preparación para la reutilización.
b) Reciclado.
c) Reutilización.
d) Eliminación.

En MADTEST tienes **más preguntas de este tema**, y todos tus avances quedan registrados y se reflejan en el ranking.

¡Supera tus límites con MADTEST!

Solución al test n.º 15

1. d) Todas las respuestas anteriores son correctas.

2. c) A todo tipo de residuos, con algunas exclusiones.

3. b) A los subproductos animales y sus productos derivados, cuando se destinen a la incineración, a los vertederos o sean utilizados en una planta de digestión anaerobia, de compostaje o de obtención de combustibles.

4. c) Que dichos sedimentos no son peligrosos.

5. d) Todas las respuestas son correctas.

6. d) Los residuos generados por la actividad propia del comercio, al por mayor y al por menor, de los servicios de restauración y bares, de las oficinas y de los mercados, así como del resto del sector servicios.

7. c) Residuos domésticos.

8. d) Los residuos resultantes de los procesos de producción, fabricación, transformación, utilización, consumo, limpieza o mantenimiento generados por la actividad industrial como consecuencia de su actividad principal.

9. a) Residuos domésticos.

10. d) Todas las respuestas son correctas.

11. b) Residuos domésticos.

12. b) Los aceites usados en el entorno doméstico.

13. d) Todas las respuestas anteriores son correctas.

14. d) Todas las respuestas anteriores son correctas.

15. a) Las personas físicas o jurídicas que estén en posesión de residuos.

16. c) Agente.

17. b) Negociante.

18. c) La operación consistente en el acopio, la clasificación y almacenamiento inicia-les de residuos, de manera profesional, con el objeto de transportarlos posteriormente a una instalación de tratamiento.

19. c) Recogida separada.

20. a) Preparación para la reutilización.

Cómo acceder al Curso

Lavandero/a
Test del temario

El uso de los códigos **es exclusivo de los compradores de los productos de Editorial MAD**. Cada producto posee un código único y de un solo uso. Es personal e intransferible y da acceso a servicios y contenidos adicionales. Editorial MAD se reserva el derecho de hacer cuantas comprobaciones sean necesarias para identificar al legítimo poseedor del código y dejar de dar servicio a quien haga uso fraudulento del mismo, además de emprender cuantas acciones legales estime oportunas según la legislación vigente.

Deberás acceder a:

mad.es/registro-campus

Si una vez aceptadas las condiciones de uso del Campus decides hacer uso del mismo, necesitarás del siguiente código de acceso junto con los códigos del resto de títulos que se exigen (si fuera el caso):

MXGLEY7956